Heinz Monheim

Trümmerblumen

Erlebte Stadtgeschichte Band 1

Herausgegeben von der
Akademie för uns Kölsche Sproch

Heinz Monheim

Trümmerblumen oder „Frebels Karl"

Geschichten aus dem Nachkriegs-Köln

J. P. Bachem Verlag Köln

Herausgeber und Verlag danken
der Brauerei und Brennerei Gebr. Sünner zu Köln-Kalk
für die freundliche Unterstützung bei der Drucklegung
des Buches.

Die Deutsche Bibliothek – CIP-Einheitsaufnahme

Monheim, Heinz:
Trümmerblumen oder „Frebels Karl" : Geschichten aus dem Nach-
kriegs-Köln / Heinz Monheim. – 1. Aufl. – Köln : Bachem, 1995
ISBN 3-7616-1163-3

1. Auflage · 1995
© J. P. Bachem Verlag, Köln 1995
Einbandentwurf: Bettina Hartmann, Köln
Reproduktionen: Willy Kühl, Köln
Satz und Druck: Druckerei J. P. Bachem GmbH & Co. KG Köln
Printed in Germany
ISBN: 3-7616-1163-3

Inhalt

Geleitwort

Trümmerblumen – ein Wort, aus dem Verzweiflung und Hoffnung spricht. Trümmer, das waren einst die Wohnhäuser, Arbeitsstätten, Kulturdenkmäler, die im Bombenkrieg in Köln untergingen. Die Blumen, die kurz darauf aus den Trümmerbergen sprossen, gaben den verzweifelt ums Überleben kämpfenden Bürgerinnen und Bürgern wieder Mut und Hoffnung: Das Leben geht weiter!

Daß die Kölner der Nachkriegszeit sich nicht unterkriegen ließen, das beschreibt das Buch „Trümmerblumen". Mit den wachen Augen eines Kindes hat der Autor das Geschehen registriert, mit den Worten des nun Erwachsenen schreibt er es nieder. Ein Buch, das sowohl für die Kinder von damals, vor allem aber auch für die Kinder von heute geschrieben wurde, für die „Kohlenklau", „Organisieren" und „Fringsen" Begriffe aus einer fremden Welt sind.

Deshalb kann es nicht genug Zeugen geben, die über diese Zeit aus ihrem unmittelbaren Erleben schreiben. Ich freue mich, daß Heinz Monheim mit den „Trümmerblumen" der Versuch gelungen ist, das Nachkriegs-Köln so recht ins Bild zu rücken und den Leser zum Nachdenken, aber glücklicherweise auch zum Schmunzeln zu bringen.

Viel Spaß beim Lesen!

Norbert Burger
Oberbürgermeister der Stadt Köln

Das Schuttbähnchen vor dem Dom.
Die „blinden Passagiere" stehen schon bereit.

Die Stunde Null

Als die Geschichten, von denen in diesem Buch berichtet wird, sich ereigneten, war ich neun Jahre alt. Ich lebte bei meinen Großeltern in einem Vorort von Köln, denn die Wohnung meiner Eltern war bei einem Bombenangriff zerstört worden. Mein Vater war noch in Kriegsgefangenschaft, meine Mutter hatte vorübergehend eine Notunterkunft bei einer Freundin gefunden und bemühte sich verzweifelt um eine neue Wohnung. Man schrieb das Jahr 1945, der furchtbare Krieg war vorbei, in den Trümmern Kölns regte sich wieder Leben. Noch waren es wenige, die in halbzerbombten Häusern, in Kellern, in der Waschküche hinten im Hof oder sonstigen Notbehelfen lebten: einige Mutige, die nicht fortgegangen waren, die trotz Bomben und Todesgefahr in der Stadt ausgeharrt hatten, andere, die irgendwo in der Nähe Kölns vor den Bombenangriffen Zuflucht gesucht hatten – in der Eifel oder dem Bergischen Land – und bereits zurückgekehrt waren. Für sie galt es nun zu überleben, sich den Lebensraum wieder lebenswert zu machen.

Die Wohnungen mußten repariert, Brennmaterial zum Heizen und Kochen in den Trümmern gesucht werden. Die Beschaffung von Nahrungsmitteln war jedoch das größte Problem. Jegliche Versorgung der Bevölkerung war zusammengebrochen. Es gab weder Waren, noch gab es Läden, in denen sie hätten verkauft werden können. Für alle war es ein hartes Leben.

Wenn nach einem Tag voller Mühen und Entbehrungen die Nacht hereinbrach, begann ein neues, gefährliches Kapitel in dem Buch jener Zeit. Die Häuser wurden verbarrikadiert, Lärminstrumente wie Topfdeckel, Rasseln oder Handsirenen bereitgelegt. Steine, Eisenschrott, Flaschen und andere Dinge wurden als Wurfmaterial in den oberen Etagen aufgeschichtet. Zusammenhängende Straßenzüge richteten einen Wachdienst ein, setzten Wachposten, die regelmäßig abgelöst wurden, auf die Dächer. Frauen und Kinder, Männer im Rentenalter, Kriegsversehrte – aus diesen Menschen bestanden die Gruppen. Die jungen Männer waren, soweit sie überlebt hatten, in Kriegsgefangenenlagern in ganz Europa verstreut. Der Grund dieser Angst, der Auslöser für all diese Sicherungsmaßnahmen waren die Plünderer, die im Schutz der Nacht ihre Überfälle unternahmen. Es waren jene Unglücklichen, die man aus ihren Heimatländern verschleppt hatte. Die, in Lagern zusammengepfercht, unter unmenschlichen Bedingungen und fast ohne Verpflegung harte Fronarbeit hatten leisten müssen. Jetzt waren ihre Bewacher geflohen, und ihr verständlicher Haß auf die Deutschen sowie der Wunsch nach Vergeltung entlud sich bei nächtlichen Raubzügen. Tagsüber patrouillierten die amerikanischen Besatzer mit Panzerspähwagen und machten die Stadt einigermaßen sicher, aber nachts waren sie in ihren Camps, und die Kölner mußten sich selbst helfen. Bis die Amerikaner diese Probleme in den Griff bekamen, vergingen ein paar Monate, in denen die Menschen in Angst und Schrecken lebten.

Man schrieb in Köln sozusagen die Stunde Null der Nachkriegsgeschichte.

Die Macht der Musik

Großer Lärm riß mich aus dem Schlaf. Aneinanderschep-
pernde Kochtopfdeckel, Hämmer, die gegen aufgehängte
Eisenschienen schlugen, schreiende Menschen – ein Inferno
von Geräuschen. Dazu die Stimme meiner Großmutter, die
ängstlich nach meinem Großvater rief.

Etwas entfernt von dem Haus, in dem meine Großeltern auf
der ersten Etage ihre Wohnung hatten, standen zwei dreige-
schossige Wohnhäuser, die der Krieg arg mitgenommen hatte
und die aussahen, als lehnten sie sich aneinander, um sich
gegenseitig zu stützen. Dennoch lebten dort schon wieder
mehrere Familien.

Plünderer versuchten, die verbarrikadierten Fenster und
Türen im Erdgeschoß dieser Häuser aufzubrechen. Die
Bewohner lärmten, schrien um Hilfe und bewarfen die Ein-
dringlinge mit allen möglichen Gegenständen. Alle Nachbarn beteiligten sich nach Leibeskräften; auch sie klopften,
trommelten und brüllten. Die Leute wollten ihre Geschlos-
senheit zum Ausdruck bringen. Denn schon oft hatte der
immer weiter um sich greifende Radau die Angreifer der-
maßen beeindruckt, daß sie den Rückzug antraten, wohl aus
Furcht, die Amerikaner kämen zur Hilfe.

Mein Großvater, ein talentierter Freizeitmusiker, griff sich seine Trompete und lief zum Fenster. Im ersten Weltkrieg hatte
er als Regimentstrompeter gedient, und so fiel ihm in diesem
Moment der Aufregung nichts anderes ein, als das Trompe-
tensignal zu blasen, welches im Kaiserreich die Kavallerie zur
Attacke rief. Die laut und hell geblasenen, kriegerischen Töne

zeigten augenblicklich Wirkung. Die Plünderer, es waren etwa zehn russische Kriegsgefangene, verließen ihren Angriffsort und kamen geschlossen auf unser Haus zu.

Großmutter sagte: „Oh Gott, jetzt haben wir sie auf dem Hals, und wir sind ganz allein im Haus. Warum mußtest du dir auch gerade die Trompete schnappen? Konntest du keine Topfdeckel nehmen wie die anderen? Dann wären wir nicht aufgefallen." Bange Sekunden vergingen, während sich die Russen drohend näherten.

Da hatte Großvater die Idee seines Lebens. Ruhige, getragene, sentimentale Weisen waren seine Lieblingsstücke. Das Weserlied, der einsame Soldat am Wolgastrand aus dem „Zarewitsch" waren ebenso in seinem Repertoire wie das alte russische Volkslied „Leise klingt das Glöckchen", das bekannte Lied der Donkosaken. Und eben dieses Lied begann er zu spielen. Sauber im Ansatz erklang klar und rein die traurige Melodie. Die Lärminstrumente unserer Nachbarn verstummten nach und nach, bis nur noch die Musik zu hören war.

Die in Lumpen gehüllten Russen standen als dunkle Masse stumm unter unserem Fenster. Nach dem großen Lärm lag nun die Stille einer mondhellen Nacht, erfüllt von Trompetenklang, wie ein schützender Mantel über Freund und Feind.

Plötzlich trat ein junger Mann aus der dunklen Gruppe heraus in das Mondlicht und fiel mit einer schönen Tenorstimme in das Trompetenspiel ein. Die Zuhörer spürten, wie er in den Gesang all seine Sehnsucht nach Familie und Heimat legte. Großvater reagierte sofort. Er spielte leiser. Wurde vom Solisten zum Begleiter. Die Worte des Liedes, in der uns unverständlichen Sprache gesungen, zogen in unsere Herzen und stiegen über Trümmer und Ruinen hinauf zum Sternenzelt. Als der Sänger mit einem herzzerreißenden Schluchzer endete, war es ganz still. Lange sahen sie sich in die Augen, der alte

In dem Haus in der Bildmitte lebte Heinz Monheim zur Zeit der Handlung
bei seinen Großeltern.

Mann mit der Trompete und der im bleichen Mondlicht auf der Straße stehende Russe. Diesem liefen die Tränen über die Wangen. Großmutter weinte ebenfalls, und auch Großvater konnte seiner Rührung nur durch ein kräftiges Räuspern Herr werden. Plötzlich drehte der Russe sich um, einige laut und hart geführte Sätze fielen zwischen ihm und seinen Kameraden, dann verschwand die Bande wie ein Spuk im Dunkel der Nacht.

Da brach lauter Beifall aus. Die Nachbarn hatten gemerkt, daß die Gefahr vorüber war und riefen erleichtert „Bravo" und „Da capo"! Großvater legte seine Arme um Großmutter und mich, schaute zu mir herunter und sagte verschmitzt lächelnd: „Was klatschen die alle so? Ich habe doch so schlecht gespielt, daß die Russen vor Schreck davongelaufen sind."

Es war die Macht der Musik, die die Handlungen der verfeindeten Menschen bestimmt hatte und für einen Augenblick Frieden in ihre Herzen brachte.

Wir blieben noch eine Weile in der Küche sitzen, bis sich unsere aufgeregt flatternden Nerven etwas beruhigt hatten. Als wir wieder zu Bett gingen, kam meine Oma zu mir ins Zimmer, um mich zuzudecken und mir eine gute Nacht zu wünschen. Auch Großvater erschien noch einmal in der Tür, winkte mir zu und sagte: „So, nun blase die Kerze auf deinem Nachttisch aus, du kannst jetzt beruhigt einschlafen. Heute Nacht wird uns keiner mehr belästigen. Sollte in den nächsten Nächten uns erneut jemand bedrohen, wissen wir jetzt, was zu tun ist: Ich brauche nur meine Trompete zu nehmen, ein paar Takte zu spielen, und alles nimmt Reißaus!" Nun mußten wir drei lachen, und dieses Lachen vertrieb die letzte Angst aus meinem Herzen und ich schlief tief und fest bis zum nächsten Morgen.

Frebels Karl

Der neue Morgen weckte mich mit der strahlenden Sonne eines warmen Augusttages. Die Sonne konnte mit ihrem goldenen Licht durch das offene Fenster bis in mein Gesicht scheinen, weil die Häuser auf der anderen Straßenseite von Luftminen getroffen worden waren. Die enorme Sprengkraft dieser gefürchteten Bomben hatte die Bauten völlig zerstört und sie zu Schutthügeln zusammenstürzen lassen. Es waren viele Menschen umgekommen oder verletzt worden, und die Helfer hatten die letzten Verschütteten aus den unzureichenden Luftschutzbunkern nur mühsam befreien können. Vor dem Krieg hätte man sich auf die Straße stellen müssen, den Kopf weit in den Nacken gelegt, um den winzigen Streifen Himmelsblau zu sehen, den die drei bis vier Etagen hohen Häuserzeilen freigaben.

Wir saßen in der Küche um den Tisch bei unserem kargen Frühstück. Es gab für jeden zwei Scheiben Brot mit selbstgemachter Marmelade von den Früchten aus Großvaters kleinem Schrebergarten. Natürlich ohne Butter, ja, wir hatten nicht einmal Margarine. Dazu gab es ungesüßten Pfefferminztee, den Opa ebenfalls in seinem Garten, draußen „Am grauen Stein", einer Schrebergartenkolonie kurz vor Poll, anbaute. Schnell half ich, den Frühstückstisch abzuräumen, doch dann dauerte es nicht mehr lange, bis Großmutter meinem Drängen nachgab und mich hinausließ zu meinen Freunden. Ich war schon ungeduldig, denn die Abenteuerspiele zwischen Trümmern und Ruinen waren so aufregend schön, daß ich keine Minute davon versäumen wollte.

Bald spielte ich zusammen mit einer Gruppe von acht- bis vierzehnjährigen Mädchen und Jungen auf einer Straßenkreuzung in der Nähe unserer Wohnung zwischen Ruinen und Schutthalden. Wir waren etwa ein Dutzend im Spiel vertiefter Kinder und repräsentierten den gesamten Nachwuchs der wenigen Bewohner dieses Viertels. Es gab noch keinen Verkehr, und so konnten wir unbesorgt die Kreuzung als Spielplatz nutzen. Aus den Hausruinen hatten wir uns Gipsbrocken geholt, die wir als Kreide gebrauchten, um damit „Hüppekästen" und mit Pfeilen durchbohrte Herzen auf den Asphalt zu zeichnen. Unter oder in die Herzen schrieben wir: „Klaus liebt Maria" oder „Ellen geht mit Fred". Ich hatte einen großen Hüppekasten mit Himmel und Hölle gemalt; mit den Herzen wollte ich im Moment nichts zu tun haben, und zwar aus folgendem Grund: ein paar Tage vorher hatte ich ein besonders schönes Herz gemalt. Damit wollte ich einem hübschen Mädchen mit langen, weizenblonden Zöpfen und großen, blauen Augen meine Verehrung mitteilen. In meiner besten Schrift hatte ich in das Herz geschrieben: „Heinz liebt Maritta". Am nächsten Tag hatte die Angebetete daruntergeschrieben: „Heinz ist dof, Marita schreibt man mit einem t". Ich revanchierte mich mit den Worten, daß sie wohl noch doofer sei, weil doof ja mit zwei „o" geschrieben würde. Jetzt waren wir verkracht, und ein Paar sind wir auch später nicht geworden.

Unsere Kleider waren abgetragen und voller Flicken an Ellbogen und Knien. Nach dem Motto „aus alt mach neu" wurde geändert und gestückelt, selbst aus Wolldecken wurden Hosen und Röcke geschneidert. Und die kratzten vielleicht! Schuhe hatten die wenigsten, und wenn, waren sie abgelaufen und mehrfach repariert. Holzsandalen, Kläppchen genannt, oder barfuß war die Regel. An den heutigen Maßstäben gemessen waren wir ein zerlumpter Haufen.

Not macht erfinderisch. Ein ausgeglühter Eisenträger wird zur Rutschbahn.

Aber gegen den Burschen, der da von der Hauptstraße aus auf uns zukam, waren wir die reinsten Dandies. Aus einem Paar völlig zerfledderter Schnürschuhe, über die graue Wollstrümpfe gerollt waren, ragten von Wind und Sonne gebräunte Beine. Eine Wehrmachtshose, von einem um die Hüften gebundenen Strick gehalten, war kurz unter den Knien abgeschnitten. Die abgetrennten Stücke steckten zusätzlich als Fußlappen in den übergroßen Schuhen. Ein zerrissenes Hemd und eine um die Schultern hängende schwarze Jacke, an der man trotz allem Schmutz noch die Stellen erkennen konnte, wo einmal die Aufnäher des Jungvolks befestigt waren, vervollständigten die Kleidung. In diesen Lumpen steckte ein mittelgroßer, magerer, aber muskulöser Bursche von etwa vierzehn Jahren. Aus einem gutgeschnittenen Gesicht blickten wache Augen. Das dichte, wellige Haar reichte bis zu den Schultern und weit in die Stirn. Man sah ihm an, daß es seit Monaten nicht mehr geschnitten worden war.

Als er uns erreichte, ließ er den Seesack, in dem er alles verstaut hatte, was er besaß, von seinen Schultern auf die Straße fallen. Ein daran befestigtes, zerbeultes Kochgeschirr klapperte auf das Pflaster und erhielt dabei einige zusätzliche Schrammen. Mit einer kurzen Bewegung seines Kopfes warf er das lange Haar nach hinten, steckte die Hände in die Seiten und sah uns herausfordernd an. Er wollte wohl prüfen, ob wir ihm friedlich oder feindlich gesonnen waren. Einige Sekunden ging ein Blickeduell zwischen ihm und unserer Gruppe hin und her. Irgendwie wußten wir, da steht einer, der keine Angst hat vor unserer Überzahl und mit dem nicht gut Kirschen essen ist. Der Neuankömmling unterbrach die Stille: „Tach!" Wir nickten stumm zurück. Wieder Stille, dann lässig, als ob es ihn weiter nicht berühren würde: „Ich heiße Karl Frebel, suche meine Mutter, soll hier irgendwo wohnen, heißt Sophie Frebel. Kennt die jemand von euch?"

Kinder mit ihrem Spielzeug aus Schrott und Trümmerresten.

Durch die schnoddrige Art, mit der er die Fragen vorbrachte, sollte in uns der Eindruck erweckt werden, daß für ihn dieses Thema gar nicht so wichtig wäre. Dabei schaute er gelangweilt in die umliegenden Ruinen. Aber in Wirklichkeit war jeder Nerv in ihm gespannt. Gierig, voller Hoffnung und Sehnsucht, wartete er auf die Antwort. Während die anderen die Schultern zuckten, „Nee, nie was von gehört", murmelten, schob ich mich langsam nach vorn. In unserem Haus wohnte seit einigen Wochen eine Frau mit ihrer sechzehnjährigen Tochter, und die hießen Frebel.

Nun stand ich in der ersten Reihe und schaute mir den Burschen an, der seine Enttäuschung nur schwer verbergen konnte. „He, du", sprach ich ihn schüchtern an. „Was willst du halbe Portion von mir?" schnauzte er mich an, froh, jemanden gefunden zu haben, an dem er seine Wut auslassen konnte. „Hast du eh … eine Schwester, die Elsbeth heißt?" stotterte ich erschreckt. Mit ein, zwei schnellen Schritten war er bei mir und packte mich mit hartem Griff an den Schultern. „Wieso? Was weißt du von ihr? Ja, ich habe eine Schwester, die Elsbeth heißt. Aber woher weißt du das?" sprudelte es aus ihm heraus. „Nun, dann gehst du am besten mit mir, denn ich glaube, deine Mutter und deine Schwester wohnen bei uns im Haus." „Also, Knirps, wenn das stimmt!" Mit der uns schon vertrauten Bewegung seines Kopfes schleuderte er sein Haar wieder nach hinten. „Also, wenn das stimmt", wiederholte er, ehe er sich abwandte und sich an seinem Seesack zu schaffen machte, damit wir nicht sehen sollten, wie ihm das Wasser in die Augen schoß. Seine Gedanken wirbelten – sollte seine Irrfahrt hier zu Ende sein, sollte er es endlich geschafft haben, seine Familie wiederzufinden? Er schluckte den Kloß in seinem Hals herunter, fuhr mit dem Jackenärmel über Augen und Nase und drehte sich, seinen Seesack über die Schultern werfend, zu mir. „Also los, Knirps, gehen wir. Will sehen, ob du recht hast!" Anton, der älteste der Fähr-Brüder, ebenso alt, aber noch größer als der Neue, sagte plötzlich: „Nenn ihn nicht immer Knirps. Er hat einen Namen, er heißt Heinz." „In Ordnung, war nicht bös gemeint, aber nun laß uns endlich losgehen, Kn ..., eh .., ich meine Heinz."

Wir zogen los. Ein paar hundert Schritte, um zwei Ecken herum, und wir standen vor unserem Haus. Ich stellte mich mitten auf die Straße und rief mit aufgeregter Stimme zur zweiten Etage herauf: "Frau Frebel, Frau Frebel!" „Wat is dann loß, Heinzjen, wat schreiste dann esu?" ertönte von oben ihre Stimme, als sie das Fenster öffnete. „Wo brennt et denn?" fragte sie und schaute zu uns hinunter. Ein, zwei Sekunden war es still, dann schrie sie auf: „Karl, Karli, du bist wieder da, du lebst! Oh mein Gott, hab ich dich endlich wieder." In diesen Worten lag all das, was eine Mutter empfindet, die plötzlich ihr Kind wiedersieht. Lange Monate hatte sie nichts von ihm gehört. Sie wußte nur, daß er irgendwo im Osten Deutschlands hinter den russischen Linien war. Ihren Karl hatte man mit vielen anderen, von Bombenangriffen zermürbten Stadtkindern nach Schlesien in das Lager Kranichburg gebracht. Nach den letzten Nachrichten, die sie erhielt, war das Lager von russischen Streitkräften überrollt worden, ehe man die Kinder evakuieren konnte.

Während die aufgeregte Frau die Treppen hinunterrannte, ging Karl langsam auf die Haustür zu. „Endlich, endlich hab ich sie gefunden", flüsterte er und ließ sich willig von der in Tränen aufgelösten Frau in die Arme schließen. Er war plötzlich wieder ein Kind, das sich gehenlassen konnte und seine Tränen am Kleid der Mutter trocknen durfte. Jetzt brauchte er nicht mehr den Draufgänger zu spielen, der jedem beweisen mußte, daß er schon erwachsen sei und ein toller Kerl, der vor Tod und Teufel keine Angst habe.

Es war eine große Leistung gewesen, sich per Anhalter, auf Güterzügen, aber meistens zu Fuß über drei Besatzungszonen hinweg bis nach Köln durchzukämpfen. Viele Abenteuer und Rückschläge mußte er durchstehen. Einmal hatte er sich in einem Güterzug versteckt, der aber in die falsche Richtung fuhr und ihn von seinem Ziel mehr als hundert Kilometer wegbrachte. Als er schließlich in seiner Heimatstadt angekommen war, begann die Suche nach seiner Familie. Das Haus, in dem er gewohnt hatte, war ausgebrannt. Erschüttert hatte er vor der Ruine gestanden. Sein Herz zog sich schmerzhaft zusammen, was sollte er jetzt machen?

Sein Vater war in Kriegsgefangenschaft, es blieben ihm nur seine Mutter und seine Schwester. Hatten sie sich aus dem zerstörten Haus retten können, oder waren sie bei dem Bombenangriff getötet worden? Wo sollte er hin, was würde mit ihm geschehen? Tapfer kämpfte er die Panik nieder, die ihn zu überwältigen drohte, und ging näher auf die geschwärzten Mauerreste zu.

Wie es damals üblich war, hatten die Überlebenden Nachrichten und Hinweise auf die Ruinen geschrieben. Hiermit wollten sie ihren Verwandten und Bekannten Aufschluß über ihr Schicksal und ihren jetzigen Aufenthalt geben.

So konnte er lesen:

Wir leben und sind in Hellenthal bei Oma Klärchen.

Zilli Berger und drei Kinder

Fam. Kautz lebt, wir wohnen jetzt in Porz, Waldstr. 307
Wo ist Familie Walterscheid? Bitte hier aufschreiben, komme jeden Tag vorbei.

Paul Walterscheid

Unter der letzten Notiz lag ein Gipsbrocken als Schreibhilfe, aber bisher hatte ihn niemand benutzt. Noch hatte keiner dem Heimkehrer Walterscheid mit einem Hinweis die quälende Angst um seine Familie nehmen können.

Schließlich fand Karl einen für ihn sehr bedeutungsvollen Hinweis, der schon vor langer Zeit an die Wand geschrieben worden war. Die Schrift war vom Regen verwaschen und kaum noch zu entziffern. Mühsam buchstabierte er die erste Zeile:

„Wir sind gesund und wohnen hier in Köln in ...“

Die zweite Zeile mit der genauen Adresse war völlig unleserlich, aber darunter standen noch gut erkennbar die Namen seiner Mutter und seiner Schwester.

Die Angst fiel von ihm ab, sein Herz machte sich aus der Umklammerung frei und schlug wild in seiner Brust. Erleichterung und ein starkes Glücksgefühl nahmen von ihm Besitz und mit einer fast zärtlichen Geste berührte er den Namenszug seiner Mutter. Sie lebten und waren in Köln. Irgendwo in dieser Trümmerwüste hatten sie eine Unterkunft gefunden. Niemand war da, der ihm sagen konnte, wo das genau war. Die Verwandten und die Nachbarn waren in alle Winde verstreut, und Behörden, welche Auskunft hätten geben können, gab es noch nicht.

Aber das tat seiner Euphorie keinen Abbruch, wichtig alleine war, daß beide überlebt hatten. Er würde sie finden, und wenn er jedes einzelne noch bewohnbare Haus durchsuchen müßte. Er war ganz sicher – von Schlesien hatte er nach Köln zurückgefunden, diese letzte Hürde würde er auch nehmen und seine Angehörigen in seiner Heimatstadt wiederfinden.

So machte er sich auf die Suche und hatte jetzt endlich, nach tagelangem Herumirren, sein Ziel erreicht. Er war zu Hause. Während er seine Mutter fest an sich drückte, flüsterte er so leise, daß nur sie ihn verstehen konnte: „Mama, endlich bin ich wieder bei dir!“ Dies war alles, was er sich an Sentimentalität erlaubte. Er löste sich von seiner Mutter, schleuderte das Haar nach hinten und wischte sich die Tränen aus den Augen. Dann drehte er sich zu mir herum: „Danke, Knirps, ich meine

Heinz. Wir sehen uns noch! Los, Mama, zeig mir mein neues Zuhause!" Mit diesen Worten nahm er die zierliche Frau in den einen, den Seesack in den anderen Arm und verschwand im Haus.

Es war ein bescheidenes Zuhause, das er vorfand, ein einziges Zimmer, das er sich mit Mutter und Schwester teilen mußte, eingerichtet mit den wenigen Habseligkeiten, die der Krieg ihnen gelassen hatte. Aber es war ein Anfang. Sie hatten überlebt und konnten nun gemeinsam neu beginnen.

Der neue Anführer

Am nächsten Tag klopfte es an unsere Tür. Als ich öffnete, stand Karl lässig an den Türrahmen gelehnt und fragte: „Kommst du mit raus?"
Ich hätte ihn fast nicht erkannt, wie er frisch gebadet, mit geschnittenen Haaren und in sauberen Kleidern vor mir stand. Er war mir gestern viel größer und älter vorgekommen. „Ich geh mit Karl Frebel spielen", rief ich meinen Großeltern zu. „Spielen", knurrte Karl verächtlich, packte mich bei der Schulter und schob mich die Treppe hinunter. Er schleuderte sein Haar zurück, unnötigerweise, denn es reichte ihm nicht mehr über die Augen. Aber diese Bewegung hatte er so oft gemacht, daß sie ihm in Fleisch und Blut übergegangen war. „Jetzt bringst du mich zu eurer Bande!" „Bande? Was für eine Bande?" fragte ich verständnislos. „Na, die Typen, mit denen du gestern zusammen warst. Wo sind die jetzt?" „Ach, du meinst die anderen Kinder hier aus der Nachbarschaft. Wir sind keine Bande", meinte ich empört. „Reg dich nicht auf. Ich weiß nicht, was du unter Bande verstehst, ich meine damit eine Gruppe, die zusammenhält und sich gegenseitig hilft, wenn andere sie verprügeln wollen." „Ach so, ich dachte schon, Bande wäre was ganz Schlimmes." „Quatsch, also wo sind sie jetzt?" „Wir treffen uns immer am Kirchplätzchen." „Na, denn los. Woll'n mal sehen, wer schon alles da ist."
Wir marschierten zu unserem Lieblingsspielplatz an der leicht zerstörten evangelischen Kirche, von der im Verlauf dieser Geschichte noch oft die Rede sein wird. Die anderen Kinder waren schon fast alle da und berieten, was man heute

unternehmen könnte. Jetzt hatten sie uns gesehen. Erwartungsvoll und neugierig schauten sie uns entgegen. Kurz vor ihnen blieben wir stehen. Karl hatte die Hände tief in den Hosentaschen vergraben, schaute auf seine Füße, mit denen er ein paar Steine hin und her schob. Dann ruckte er in seiner Lieblingsbewegung den Kopf empor: „Wer ist euer Anführer?" Wir schauten uns verständnislos an: „Anführer?" „Wieso?" „Wir haben keinen Anführer!" „Brauchen wir auch nicht." „Wofür soll der denn gut sein?" So kamen die verschiedenen Fragen und Antworten.

„Ach so, na ja, ich meinte ja nur. Wer ist denn der Stärkste von euch?" Wir schauten uns fragend an. Das wußten wir auch nicht. Unsere Blicke gingen zwischen Fährs Toni und Adlers Dick hin und her. Die beiden waren ziemlich groß und stark. Oder vielleicht noch der Langs Hans. Wir zuckten die Achseln. Keine Ahnung!

„Ihr seid mir vielleicht ein Verein!" murmelte Karl und schüttelte den Kopf, „Von Organisation noch nie was gehört. Was kann man denn hier alles machen?"

In der nun folgenden Diskussion ließ Karl keinen Zweifel aufkommen, daß es in unserer Gruppe einige Änderungen geben würde. Wie selbstverständlich übernahm er die Wortführung in unserem Gespräch.

Von nun an war Karl unser Anführer, den wir alle stillschweigend akzeptierten.

Ein Diktator war er nicht, sondern immer bereit, Vorschläge von uns anzunehmen. Streitigkeiten vermied er, indem er über Dinge, in denen wir keine Einigung erzielten, abstimmen ließ. Er war immer der erste, wenn etwas Gefährliches gemacht wurde und verteidigte die Jüngeren und Schwächeren unter uns gegen die Angriffe von Kindern aus anderen Straßen. Es hatte sich bald herumgesprochen, daß er Mut hatte und ein guter Kämpfer war.

Typische Trümmerkinder.

Außerdem gab er uns ein Gefühl der Zusammengehörigkeit.
Wenn Toni, Dick und Hans bei ihm waren, gab es kaum eine
andere Gruppe, die wir zu fürchten hatten. Deshalb ließ man
uns meistens in Ruhe. Wir mochten ihn von Tag zu Tag
mehr, und es erfüllte uns mit Stolz, daß die Kindergruppen
aus den umliegenden Straßen unsere kleine Schar bald nur
noch respektvoll „Die Frebels" nannten.

Organisieren

Organisieren, das Schlagwort jener Zeit, wurde von nun an auch bei uns immer häufiger gebraucht.

Karl hatte schnell die Lage, in denen die meisten von uns lebten, richtig erkannt. Die Väter waren noch nicht heimgekehrt, und unsere Mütter hatten es schwer, die Familie durchzubringen. Er erklärte uns, daß wir einen guten Teil unseres Lebensunterhaltes selbst übernehmen und damit unseren Müttern helfen könnten. Da es noch keine Schule gab, stand uns der ganze Tag zur freien Verfügung. Karl machte das geschickt – einen Tag verbrachten wir mit „Organisieren", dann folgten ein, zwei Tage, die nur unserem Vergnügen galten. Außerdem erfand er Spiele, die uns viel Spaß machten und bei denen wir außerdem Produktives leisteten. Wie etwa beim Spiel: die Holzfäller von Kanada. Kaum einer von uns wußte damals, wo Kanada lag, aber wir waren Kanadier, die zum Holzfällen auszogen. Hinter dem abenteuerlichen Namen versteckte sich schlicht und einfach, Brennholz in den Trümmern zu sammeln. Das wurde auf einem Platz zusammengetragen, ehrlich zwischen uns aufgeteilt und stolz nach Hause geschleppt. Die Erwachsenen staunten nicht schlecht, als wir plötzlich mithalfen, ohne daß sie es uns befohlen hatten. Dies wurde nur möglich, weil wir gemeinsam an die Aufgaben gingen. Der Einzelne, vor allem wir Kleineren, konnten nicht viel erreichen, aber wenn zehn oder zwölf Kinder an einem Balken zogen, gelang es, ihn vom Schutt zu befreien. Es war oft lebensgefährlich, was wir in den Ruinen trieben und nach heutigen Maßstäben unvorstellbar. Aber damals ging es um das Überleben. Wir krochen in halbzerfallene, einsturzgefährdete Keller, suchten nach Kohlen und gefüllten Einmachgläsern. Wenn dieses Obst auch teilweise jahrelang unter den eingestürzten Häusern lagerte, schmeckte es immer noch ausgezeichnet und war eine willkommene Bereicherung unseres Speiseplans.

Als wir wieder einmal auf der Suche nach unentdeckten Ruinenkellern waren, kam Müllers Heinz, einer der Jüngsten von uns, ein kleiner, magerer Bursche, wie eine Rakete aus dem Kellerloch geschossen, in das er vor ein paar Minuten mutig hineingekrochen war.

„He, was ist denn mit dir los, welcher Affe hat dich gebissen, oder hast du ein Gespenst gesehen?" flachsten wir. Er war nicht zu beruhigen. Aufgeregt sprang er vor dem Loch hin und her und schrie: „Da unten liegt ein Toter, da liegt ein ganzer und daneben noch ein halber Toter." Jetzt wurden auch wir ernst. Denn wenn wir in einen Keller eindrangen, war in unseren Köpfen immer die Angst, dort noch Opfer der Luftangriffe zu finden.

„Jetzt beruhige dich erst mal. Was heißt denn das: ein ganzer und ein halber Toter? Ist der eine noch halb lebendig, oder was sollen wir darunter verstehen?" wurde er von Karl gefragt.

„Quatsch! Du brauchst mich nicht zu veralbern, da liegt ein Toter und ein Stück daneben eine halbe Leiche."

Jetzt packte einige von uns das Grauen. Wir rückten weiter von der Einstiegsöffnung weg, bereit, beim kleinsten Geräusch sofort Reißaus zu nehmen. „Also, jetzt seid mal alle ruhig und macht keine Panik", meldete Karl sich zu Wort. „Wenn da unten wirklich Tote liegen, so tun die uns bestimmt nichts. Aber wir müssen das melden, damit sie begraben werden. Deshalb sehen wir erst mal in Ruhe nach. Ich werde hinuntersteigen und du, Toni, kommst mit mir!"

Fährs Toni wurde kreidebleich und wollte energisch ableh-

Das Spielen in den Trümmern steckte voller Gefahren.

nen. Da fragte Karl: „Oder hast du etwa Angst?" Toni sah unsere Augen auf sich gerichtet und wußte, daß der zweite Platz, den er in unserer Rangordnung einnahm, in Gefahr war. „Angst, so ein Blödsinn, meinst du, ich wär feige?" „Dann ist ja alles klar. Kommt, wir müssen das Loch etwas größer machen", wandte Karl sich an die anderen.

Wir erweiterten vorsichtig das Einstiegsloch so weit, daß auch Karl und Toni hindurchpaßten. Sie hatten eine aus alten Lappen gebastelte Fackel bei sich, die ihnen qualmend und flackernd den Weg in die Unterwelt erhellte. Einige lange Minuten vergingen, in denen wir voller Spannung um das Loch, in dem die beiden verschwunden waren, herumstanden. „Huiii, huiii", tönte es plötzlich aus der Tiefe. Unsere Mädchen begannen zu kreischen, und wir schraken alle zurück. Dann tauchten unter unheimlichem Geheule Kopf und Oberkörper einer nackten Frau aus der Dunkelheit auf. Jetzt waren wir nicht mehr zu halten. Nach allen Seiten stoben wir davon. Da hörten wir hinter uns lautes Gelächter. Als wir uns umwandten, sahen wir Karl mit der halben Frau lustig herumtanzen. Toni hatte einen ebenfalls nackten Mann neben sich stehen, dem er höflich die Hand schüttelte.

Des Rätsels Lösung war einfach: das eingestürzte Haus hatte früher einem Schneidermeister gehört. Die beiden „Toten" waren Schaufensterpuppen, wobei der Dame der Unterleib fehlte.

Verlegen darüber, daß wir vor Schaufensterpuppen feige davongelaufen waren, kehrten wir zu Karl und Toni zurück. Anschließend krochen wir alle in den Keller, um zu sehen, welche Schätze er barg. Als wir alles Brauchbare herausgeholt und unter uns aufgeteilt hatten, konnte ich stolz fünfzehn Briketts und zwei Einmachgläser voll Schattenmorellen zu Hause abliefern. Wir hatten auch ein Paar fast neuwertige Gummistiefel gefunden, die verlost wurden. Der glückliche

Trümmerkinder beim Steinesammeln. Der Erlös, meist in Naturalien ausgezahlt, half den Familien zu überleben.

Gewinner war Schmitze Fredi. Der Schmächtigste mit den kleinsten Füßen hatte nun Stiefel, die mindestens Größe vierundvierzig hatten. Doch er schleppte sie zufrieden heim, und seine Mutter tauschte sie später bei einem Bauern gegen Kartoffel ein.

Überall regte sich, wenn auch in bescheidenem Maße, der Wiederaufbau. Menschen, die nach Köln zurückkamen, versuchten, die vorgefundenen Ruinen wieder bewohnbar zu machen.

Gleich hatte Karl eine neue Idee, wie wir etwas „organisieren" könnten: die Leute brauchten Baumaterial! Wir suchten die intakten Ziegelsteine aus dem Schutt, befreiten sie von Mörtelresten und schleppten sie zur Straße, wo wir sie sauber zu je tausend Stück aufschichteten. Mit den Interessenten handelten wir nach Möglichkeit eine Bezahlung in Naturalien aus. Für den übrigen Erlös kauften wir auf dem schwarzen Markt Lebensmittel, zumeist Brot. Unsere Gewinne wurden, wie üblich, in unserer Gruppe ehrlich geteilt und stolz zu Hause abgeliefert. Steineklopfen war harte und schwere Arbeit für unsere Kinderhände, die noch schwerer wurde, als die an der Oberfläche liegenden Steine weggesammelt waren. Daraufhin fingen wir an, Mauerreste einzureißen und kamen dabei oft in brenzlige Situationen. Wir müssen damals sehr gute Schutzengel gehabt haben, sonst hätten wir diese Unternehmungen nicht heil überstanden. Unkenntnis ließ uns oft die Größe einer Gefahr unterschätzen. Wenn noch der Leichtsinn der Jugend dazukam, waren wir recht schnell in äußerst gefährlichen Lagen.

So hatten wir einmal eine Wand entdeckt, die wohl als sogenannte Brandmauer zwischen zwei Häusern errichtet worden war. Diese Häuser waren eingestürzt, die Wand war aus irgendwelchen Gründen stehengeblieben und ragte einsam über die Schutthügel. Sie war mit Steinen aus einer Ringofenziegelei erbaut worden, die fast alle gleichmäßig geformt und ziemlich maßgenau waren. Für sie bekamen wir fast doppelt so viel wie für die unterschiedlich langen und breiten, oft krummen und buckligen Feldbrandziegel. Hinzu kam, daß sie mit Kalkmörtel ohne Zementzusatz vermauert worden waren, was bedeutete, daß sich die Mörtelreste ganz leicht abschlagen ließen. Für uns Steinesammler bedeuteten sie das Beste vom Besten. Wir hätten sie von oben Schicht um Schicht abtragen müssen, aber wie sollten wir dort hinaufkommen? Da hatten wir die „tolle Idee", den Abbruch von unten zu beginnen. Ein Dutzend Kinder fing also an, an beiden Enden einer fast zehn Meter langen und fünf Meter hohen Mauer Steine herauszubrechen, wobei uns der weiche Kalkmörtel die Arbeit erleichterte. Man braucht kein Baufachmann zu sein, um bei dieser Vorstellung eine Gänsehaut zu bekommen. Wir hatten das Standvermögen der Mauer schon stark geschwächt, als unser Schutzengel wieder einschritt. Diesmal kam er in Person von Frau Schneider, die ihren Sohn zum Essen heimholen wollte. Als sie uns bei unserem Wahnsinnsunterfangen vorfand, drehte sie fast durch. Sie vertrieb uns alle von diesem gefährlichen Arbeitsplatz und drohte, daß sie jeden von uns bei seiner Familie verraten würde, wenn wir noch einen Hammerschlag machten. Dann nahm sie ihren Manni resolut bei der Hand und ging mit ihm heimwärts. Da es Mittagszeit war und uns alle der Hunger plagte, beschlossen wir, nach Hause zu gehen. Wir hofften, wenn wir uns am Nachmittag wieder treffen würden, hätte Frau Schneider die Angelegenheit vergessen, und wir könnten mit unserem Mauerabbruch fortfahren.

Als wir zur vereinbarten Zeit wieder an unserem „Steinbruch" ankamen, suchten wir die Mauer vergeblich. Den Gesetzen der Schwerkraft gehorchend war unser Werkstück einfach umgefallen. Wir hatten die von Bomben angeschlagene

Mauer mit unserer Arbeit am Vormittag so sehr in ihrer Standfestigkeit geschwächt, daß sie von selbst einstürzte. Der Wind, der an diesem Tag in leichten Böen durch die Ruinen wehte, hatte genügt, um sie umzudrücken.

Als wir uns die Einsturzstelle näher ansahen, verstummte unser anfängliches Jubelgeschrei, wir wurden blaß, und der Schreck fuhr uns in die Glieder. Wir hatten an einer Stelle in sicherem Abstand, wie wir glaubten, aus Steinen und Brettern ein paar Sitze gebaut. Dort hatten die Kleineren und Schwächeren der Gruppe gesessen und die Mörtelreste von den Ziegeln abgeklopft, welche die Großen herbeigeschleppt hatten. Diesen vermeintlich sicheren Ort fanden wir nicht wieder. Die eingestürzte Wand hatte mit ihrem obersten Teil die Stelle völlig zugedeckt. Wäre sie umgestürzt, als wir bei der Arbeit waren, hätte dies für die vier oder fünf Kleinen den sicheren Tod bedeutet. Ob den übrigen, die an der Mauer selbst werkelten, der Sprung aus der Gefahrenzone geglückt wäre, ist auch zweifelhaft. Dem energischen Eingreifen Frau Schneiders war es zu verdanken, daß unserem Viertel eine Tragödie erspart blieb. Doch unbekümmert, wie Kinder nun einmal sind, war der Schreck schnell vergessen, und wir schleppten die Steine zur Straße, wo sie bald ihre Käufer fanden.

Wenn wir vom Steinesammeln genug hatten, wenn die Hände wund wurden, Knie und Rücken schmerzten, legten wir eine Pause ein. Wir wurden wieder zu normalen Kindern, die ihren Spielen nachgingen. Eine unserer Lieblingsbeschäftigungen war die Entdeckungsreise. Wir zogen durch Ruinen, menschenleere Fabriken, verwilderte Gärten und über Güterbahnhöfe. Tausend interessante Dinge gab es zu erleben, zu entdecken und niemand war da, der einem etwas verbieten konnte. Wir waren frei und ohne Zwang.

Karl hatte für diese „Entdeckungsreisen" ein Gesetz aufgestellt, auf dessen Einhaltung er mit all seiner Autorität

Das Brot, das das kleine Mädchen fast liebevoll im Arm hält, galt als Kostbarkeit.

bestand: unversehrte und verschlossene Häuser waren tabu! Nie hat jemand aus unserer Gruppe sich gewaltsam Eintritt verschafft. Wozu auch, es gab so viele Ruinen und halbzerstörte Häuser. Wir hätten Jahre gebraucht, sie alle zu untersuchen. Es war unheimlich, durch die menschenleeren Straßen zu gehen, über schuttbedeckte Hinterhöfe zu krabbeln und über wacklige Treppen hinauf zu dachlosen Speichern zu klettern. Wir blieben stets eng zusammen, die Gruppe bot uns Schutz und Sicherheit und gab uns ein Gefühl von Macht. Unsere Abenteuerlust war stärker als unsere Furcht, wir dehnten unsere Expeditionen immer weiter aus und waren oft stundenlang unterwegs.

Auf einem dieser Streifzüge durchstöberten wir eine arg zerbombte, kleine Fabrik. Im Betriebsbüro gab es weder Türen noch Fenster. Es standen noch einige Möbelstücke herum, und in einem Aktenschrank fanden wir einen Stapel ungebrauchter Rechnungsblöcke. Auf jedem Block waren fünfzig Rechnungen mit je drei Durchschriften. Die Durchschriften bestanden aus hauchdünnem, weißem Papier.

Gleich hatte Karl wieder einen Geistesblitz. Er ließ uns diese Durchschriften aus den Blocks reißen und fein säuberlich stapeln. Als wir nach dem Sinn unserer Arbeit fragten, sagte er: „Die Blätter sind so dünn wie Zigarettenpapier, wir werden versuchen, sie auf dem schwarzen Markt zu verkaufen."

Gesagt, getan. Geschlossen zogen wir zur Vorsterstraße, Ecke Mülheimer Straße, wo sich der schwarze Markt installiert hatte. Alle Eckhäuser der Straßenkreuzung waren nur noch Ruinen. Diese boten ideale Fluchtmöglichkeiten für die Schwarzhändler, wenn die Besatzungsmacht und die von ihr eingesetzten deutschen Hilfspolizisten eine Razzia machten. An den Mauerresten, in halbzerfallenen Türeingängen standen dunkle Gestalten, die den Passanten geheimnisvoll flüsternd Ware anboten.

Zigaretten, Kaugummi, Tabak, Butter, Brot, Feuersteine und vieles mehr wurde angeboten. Wer Geld hatte, bekam fast alles. Aber wer hatte damals Geld, um die Schwarzmarktpreise zu bezahlen? Die geforderten Preise waren unerschwinglich. Englische oder amerikanische Zigaretten kosteten zwischen sieben und acht Mark. Eine übelriechende und wohl auch so schmeckende „Bosco", eine deutsche Zigarette aus Pfälzer Tabak, kostete noch drei Mark. Ein Pfund Brot war für vierzig Mark zu haben. Speck und Butter für je einhundertachtzig bis zweihundert Mark das Pfund zu kaufen. Das bedeutete für einen Arbeiter, daß er fast einen ganzen Monatslohn ausgeben mußte. Dabei gab es für die meisten Leute noch keine Arbeit, und wer hatte damals schon Ersparnisse? Die armen Leute hungerten, und die Bonzen und Schieber wurden fett.

Kurz bevor wir den schwarzen Markt erreicht hatten, rief Karl uns noch einmal zusammen. „Der Heinz geht mit mir an die Ecke, ihr bleibt hier stehen. Wir nehmen ein paar Blätter mit und hören mal, was wir dafür bekommen können. Wenn die uns das Zeug abnehmen wollen, haut ihr sofort mit dem Rest ab."

Wir zogen los und gingen gleich zum „Meisse Krumm", den sie so nannten, weil er aus dem Krieg ein steifes Bein mitgebracht hatte. Bei ihm tauschten wir unser verdientes Geld gegen Lebensmittel ein, meist Brot oder Margarine. Er hatte uns bis jetzt immer fair behandelt und uns auch vor seinen „Kollegen", die uns über's Ohr hauen wollten, beschützt. Deshalb hatten wir Vertrauen zu ihm.

„Wir haben hier Papier, das man prima zum Zigarettendrehen benutzen kann. Wir wollten mal fragen, wieviel wir dafür verlangen können und ob wir es auf Zigarettengröße kleinschneiden oder es so lassen sollen, wie es ist."

Der Meisse Krumm nahm Karl das Papier aus der Hand und begutachtete es von allen Seiten. Dann gab er ihm einen freundlichen Stoß und sagte grinsend: „Du bist schon ein cleveres Bürschlein, das sofort erkennt, wenn es etwas zu verdienen gibt. Das Zeug ist wirklich gut zum Zigarettendrehen. Verkauft es, wie es ist, dann kann es jeder so zerschneiden, wie er Tabak hat. Wieviel habt ihr denn davon?" Wir nannten ihm die Zahl. Es waren etliche hundert Blatt. „Wißt ihr was, ihr verkauft mir den ganzen Packen, und ich bring ihn dann an den Mann. Wenn ihr euch hier an's Verkaufen gebt, werdet ihr von den Gaunern sowieso nur betrogen."

Karl nickte, der Meisse Krumm hatte recht, sein Vorschlag war das Beste für uns. „Was willst du denn dafür geben?" Meisse Krumm überlegte, zählte an den Fingern, legte sein Gesicht in viele Falten und sagte dann: „Eine Mark für fünf Blatt ist das Höchste, was ich euch geben kann." Mein Herz hüpfte vor Freude. Das war mehr, als ich zu hoffen gewagt hatte. Aber Karl blieb abweisend. „Das ist uns zu wenig, wir wollen für jedes Blatt eine Mark", sagte er.

Das war nun wieder dem Meisse Krumm zu viel, und so feilschten die beiden eine geraume Weile herum, während ich mit offenem Mund zuhörte. Sie einigten sich auf den Preis von einer Reichsmark für drei Blätter. Die uns zustehende Summe, die wir mit vor Eifer roten Ohren durch Abzählen der Blätter ermittelt hatten, bekamen wir in Naturalien ausgezahlt, die der Krumm an jenem Tage bei sich hatte. Nach Abschluß der Transaktion konnte jeder von uns ein zwei Pfund schweres Brot und ein halbes Paket Margarine mit nach Hause nehmen. Wer jemals Hunger leiden mußte, weiß, was dies damals für eine Kostbarkeit war.

Am Nachmittag ging ich zufällig noch einmal am „Schwarzen Markt" vorbei. Der Meisse Krumm war von einer Menschentraube umgeben und verkaufte gerade die letzten von unseren Blättern für zwei Reichsmark das Stück. Erst hatte er sie für eine Mark das Stück verkauft, aber als er die große Nachfrage sah, hatte er schnell einhundert Prozent aufgeschlagen.

Wir werden
Fuhrunternehmer

Karls nächste Idee ließ nicht lange auf sich warten. Wir fanden in den Trümmern einen alten Kinderwagen mit stabilem Fahrgestell und montierten alle Aufbauten ab. Auf das Untergestell banden wir einen Holzboden. Dann wurden zwei große Waschkessel mit Deckeln besorgt, und schon hatten wir einen Wasserwagen.

Da das gesamte Rohrnetz zerstört war, stellte die Wasserversorgung ein großes Problem dar. Unser Stadtteil hatte das Glück, daß die Chemische Fabrik Kalk einen Tiefbrunnen besaß, aus dem mittels einer Dieselpumpe das Grundwasser hochgepumpt wurde. Die Firmenleitung erlaubte großzügigerweise, daß die Menschen sich dort ihr Wasser kostenlos holten. Zu diesem Zweck hatte sie schon wenige Wochen nach dem Krieg einen Mann abgestellt, der die Pumpe betreute und das Wasser ausgab. Der übrige Betrieb lag noch brach, kein Rädchen drehte sich. Der Brunnen befand sich tief im Inneren der Fabrik, und es war für die Leute, die dort mit Eimern und Kannen ihr Wasser holten, ein langer und beschwerlicher Weg. In diese Versorgungslücke stießen wir mit unserem „Wasserwagen". In unsere beiden Waschkessel, die mit Holzleisten verkeilt und gut festgebunden auf unserem Fahrgestell standen, paßten an die achtzig Liter Wasser. Innerhalb von zwei bis drei Stunden waren wir so oft hin und her gefahren, daß wir unsere Familien und unsere Nachbarn mit Wasser versorgt hatten. Unsere Angehörigen erhielten das Wasser natürlich umsonst, alle anderen mußten zahlen. Die Gebühren, die Karl kassierte, waren sehr unterschiedlich. Drehsbachs, ein altes Rentnerehepaar, bekamen ihren Eimer für fünfzig Pfennig. Herr Schultheis, der ein großes Tier auf dem schwarzen Markt war, mußte erheblich mehr zahlen. Aber er konnte es auch. Als ich einmal die „Wasserrechnung" bei ihm kassieren mußte, zog er einen Blechkoffer unter seinem Bett hervor. Er öffnete ihn, und mir wollten die Augen übergehen, denn er war bis zum Rand mit Reichsmark gefüllt! Herr Schultheis mußte lange suchen, bis er einen Schein fand, der klein genug war, um mich zu bezahlen.

Als irgendwann die ersten Eisenbahnzüge wieder in das Bergische Land fuhren, hatten wir eine weitere Einnahmequelle. Morgens fuhren wir unsere Wassertour, dann wurden die Waschkessel abgebaut, und abends standen wir mit unserem Wagen vor den Resten des Kalker Bahnhofs. Dort warteten wir auf den einzigen Zug, der jetzt täglich von Dieringhausen bis Köln-Deutz fuhr. Er brachte die Hamsterer zurück, die morgens in Gegenrichtung aufgebrochen waren. Die Leute kamen hochbeladen mit Kartoffeln, Rüben, Gemüse und Obst, das sie für ihre letzten Wertgegenstände bei den Bauern eingetauscht hatten, am Bahnhof an. Sie waren glücklich, ihre Last auf einen Wagen abladen zu können, und überboten sich gegenseitig, um unsere Dienste nutzen zu können. So brachten wir manches Pfund Kartoffeln, Rüben oder Obst mit nach Hause, wo es dringend gebraucht wurde.

Für den langsam einsetzenden Wiederaufbau der zerstörten Stadt wurden dringend Rohstoffe gebraucht. Schrotthändler schossen wie Pilze aus dem Boden. Schon sammelten wir Buntmetalle, Dachrinnen und Regenrohre aus Zink, Elektroleitungen aus Kupfer und Wasserrohre aus Blei. Die Trümmer waren ja voll davon. An unserem Lieblingsspielplatz und Hauptquartier, der Ruine der evangelischen Kirche, machten

Eines der auf Seite 45 beschriebenen Kirchenfenster der
Presbyterkirche in Köln-Kalk.

wir unseren besten Fund. Die Bomben, die um und zum Teil in die Kirche eingeschlagen waren, hatten die schönen, bleiverglasten Fenster mit ihren Splittern durchschlagen und mit ihren Druckwellen aus dem Rahmen gerissen. Alle waren sehr stark zerstört.

Ich erinnere mich aber noch an drei recht gut erhaltene Fenster, von denen eines den Stall von Bethlehem darstellte*. Das kleine Jesuskind lag völlig unversehrt in seiner Krippe, aber die es umgebenden Heiligen und Stalltiere waren von Bombensplittern mehr oder weniger stark beschädigt. Trotzdem waren die Glasbilder in ihrer Gesamtheit noch gut erkennbar. Ein geschickter Restaurator hätte sie bestimmt in ihren alten Zustand zurückversetzen können. Doch in dieser Zeit gab es weder den Willen noch die Möglichkeiten, solche Dinge zu erhalten. Wir Kinder erkannten nicht, daß es sich um etwas besonders Erhaltungswürdiges handelte, für uns waren es nur vom Krieg zerstörte Fenster. Man konnte es auf einen einfachen Nenner bringen: Kunst konnte man nicht essen!

Zuerst hatten wir die im Schutt liegenden bunten Glasscheiben gesammelt, um damit zu spielen. Mein Großvater hatte mir aus kleineren Scherben und einem Rohr aus Pappe sogar ein Kaleidoskop gebaut. Daraufhin war ich einige Tage der Mittelpunkt unserer Gruppe. Alle wollten in diese bunte Wunderwelt mit ihren vielen Mustern schauen, welche sich, wenn man die Röhre drehte, in immer neuen Bildern darstellte.

Als wir dahinter kamen, daß die unscheinbaren, grauschwarzen Metallstreifen, die die bunten Gläser zusammenhielten, aus Blei waren, änderte sich unser Interesse schlagartig. Blei bedeutete bares Geld, die Schrotthändler waren ganz wild danach. Jetzt waren die Scherben Nebensache und mit Feuereifer sammelten wir die Bleirippen auf. Wir durchwühlten die Schutthaufen, die vor den Fenstern lagen, solange, bis kein

Gramm Blei mehr zu finden war. Ich muß nun schamvoll gestehen, daß wir anschließend auch die noch in den Fenstern verbliebenen Reste herausschlugen und dadurch die letzten erhaltenen Teile dieser schönen Bleiglaskunstwerke unwiederbringlich zerstörten.

In unserem Übereifer und in der Vorfreude auf den zu erwartenden Gewinn hatten wir unseren Karren so vollgeladen, daß er sich keinen Millimeter mehr von der Stelle bewegen ließ. Wir mußten den größten Teil wieder abladen. Schließlich wurden vier Fuhren daraus.

Als die letzte Fuhre über die Waage des Schrotthändlers gerollt und geleert worden war, rieb dieser sich zufrieden die Hände, er hatte ein Bombengeschäft gemacht.

Auch wir waren glücklich und zufrieden. Wenn uns der Altwarenhändler auch beim Abwiegen betrog und uns außerdem einen viel zu niedrigen Kilopreis bezahlte, war es der größte Gewinn, den wir je an einem Tag gemacht hatten.

* Hier handelte es sich offenbar um die drei Chorfenster: „Geburt Christi", „Die Kreuzigung". „Die Auferstehung".
Es waren private Stiftungen, die von 1901 bis 1905 angefertigt wurden. Vgl. Henriette Meynen, Köln: Kalk und Humboldt-Gremberg, Stadtspuren Bd. 7, J. P. Bachem Verlag, Köln 1990, S. 529ff.

Das Schuttbähnchen

Immer mehr Kölner kehrten zurück und fanden ihre Häuser und Wohnungen nicht wieder. Wo früher Straßen waren, führten nun Trampelpfade durch und über die Schutthalden zusammengestürzter Häuser. Die Männer der „ersten Stunde" in der Kölner Stadtverwaltung hatten die Beseitigung dieser Schuttmassen als wichtigste Aufgabe zu bewältigen. Jeder Kölner, der wieder in seiner Heimatstadt lebte, mußte helfen, das schier unlösbare Problem in den Griff zu bekommen. Jeder, Kinder und alte Menschen ausgenommen, mußte mit Kreuzhacke und Schaufel seinen Mann, oder besser gesagt, seine Frau stehen, denn der größte Teil der Bevölkerung bestand damals aus Frauen.

Es fing in unserem Stadtteil damit an, daß man Schmalspurgleise von der Kalker Post nach Ostheim verlegte. Über diese Gleise zogen kleine Dampf- oder Diesellokomotiven mit Trümmerschutt beladene Kipploren, die zu langen Zügen aneinandergekoppelt wurden. Auf einem freien Gelände zwischen Höhenberg und Ostheim, in der Nähe der Frankfurter Straße, wurde der Schutt abgekippt.

Als nach vielen Monaten die Trümmer von den Straßen und Plätzen verschwunden waren, ragte an dieser Stelle ein massiver, häßlicher Schuttberg weithin sichtbar hoch. Die Stadtväter dachten selbst in dieser schlimmen Zeit an die Zukunft und ließen ihn mit Mutterboden bedecken und bepflanzen. Heute befindet sich an dieser Stelle eine grüne, mit stattlichen Bäumen bedeckte und mit Spazierwegen durchzogene Oase. Bis es so weit war, mußten unvorstellbare Arbeiten geleistet

werden. Maschinen, wie Bagger, Planierraupen oder Last-
wagen, gab es so gut wie gar nicht. Alles mußte von Hand mit
Hacke und Spaten gelockert und dann in die Loren geschau-
felt werden.

Das Personal der Schuttbahn und die Vorarbeiter in den
jeweiligen Arbeitsabschnitten waren Männer, aber den größten und schwersten Teil der Arbeit leisteten Frauen. Der Krieg
hatte sie gelehrt, Probleme auch ohne männliche Hilfe zu
lösen. Das stellten sie jetzt unter Beweis. Meter um Meter
kämpften sie sich in die Schutthalden hinein. Der mittags aus-
gegebene Eintopf und der in Blechkannen gelieferte Ersatz-
kaffee „Muckefuck" waren ihre einzige Bezahlung. Das
Schuttbähnchen folgte ihnen in die Seitenstraßen. Jeder frei-
gelegte Meter wurde sofort mit Schienen belegt, damit die
Loren immer in Arbeitshöhe waren. Das Schienennetz der
Schuttbahn wurde länger und verzweigter. Für uns Kinder tat
sich eine neue Welt auf. Das Lieblingsspielzeug aller Kinder,
die Eisenbahn, war nun überall um uns herum zum Greifen
nahe. Sie zog uns magisch an, und Abenteuer Nummer eins
war natürlich, als blinder Passagier auf dem Schuttbähnchen
mitzufahren.

Jack London, der große amerikanische Schriftsteller, hätte seine wahre Freude an den Tricks gehabt, die wir anwendeten,
um mitfahren zu können. Als ich später seinen Roman
„Abenteuer auf dem Schienenstrang" las, konnte ich feststel-
len, daß wir damals, ohne sein Buch zu kennen, manche Knif-
fe genau wie die Hobos in seinem Roman gemacht hatten.
Zu jedem Zug gehörten ein Lokomotivführer und ein Bremser, der sich auf der letzten Lore befand. Auf den Zügen mitzufahren, war natürlich streng verboten, und dies mit Recht,
denn es war lebensgefährlich. Was konnte dort nicht alles pas-
sieren. Der blinde Passagier konnte herunterfallen und unter
den Rädern zu Tode kommen. Die hochgefüllten Loren

Jung und alt helfen, den Schutt zu beseitigen.

konnten während der Fahrt kippen und einen unter tonnenschwerem Schutt begraben. Aber Kinder wären keine Kinder, ließen sie sich von Vernunft und Warnungen zurückhalten. Mit dem Schuttbähnchen zu fahren, war trotz aller angedrohter – und, wenn man erwischt wurde, auch ausgeführter Strafe, die höchste Kinderseligkeit.

Die Lokführer und Bremser hatten Befehl, jedem das Mitfahren streng zu untersagen. Bei unseren Bemühungen, auf die Züge zu kommen, und ihren Bemühungen, uns daran zu hindern beziehungsweise uns wieder herunterzujagen, lernten wir uns gegenseitig kennen. Wir teilten die verschiedenen Zugmannschaften in drei Gruppen ein:

1. Die Gutmütigen (oder vielleicht nur Faulen), die einen zwar pflichtgemäß verscheuchten, aber anschließend, wenn wir den Zug erneut geentert hatten, so taten, als hätten sie dies nicht bemerkt und ohne Stopp weiterfuhren.

2. Die Pflichtbewußten, mit denen wir viel Mühe hatten, und die den Zug, wenn sie uns bemerkten, abstoppten und uns erneut vertrieben.

3. Die Bösartigen, die zum Glück nur eine kleine Gruppe darstellten. Ihnen genügte es nicht, uns von den Zügen zu verjagen. Sie liefen hinter uns her, um uns einzufangen und uns eine Tracht Prügel zu geben. Meistens entwischten wir ihnen im Trümmerlabyrinth. Aber wehe, wenn sie einen von uns erwischten. Sie waren nicht gerade zimperlich. Hatte einer eine solche Abreibung bekommen, konnte er sich nicht zu Hause beklagen und Hilfe holen. Da uns das Fahren mit der Schuttbahn streng untersagt war, wäre eine weitere Bestrafung, diesmal von unseren Eltern, die Folge gewesen. Diese Reibereien zwischen Zugpersonal und Kindern ist mir noch heute als eines der spannendsten Abenteuer meiner Kindheit in Erinnerung.

Dort, wo die Züge zusammengekoppelt wurden, versteckten wir uns in den umliegenden Ruinen. Geduldig warteten wir, bis die Erwachsenen die gefüllten Loren von den verschiedenen Arbeitsplätzen per Muskelkraft herangeschoben und an die Lok gehängt hatten. Wenn dann, je nach Bauart der Lok, eine Glocke oder ein Pfeifsignal erklang, welches die Abfahrt des Zuges ankündigte, schossen wir wie der Blitz aus unseren Verstecken und sprangen auf den Zug. Das war nur zwischen den Loren möglich. Dann standen wir auf den Anhängerkupplungen und hielten uns mühsam am Rand der Lore fest. Auf gefährlich wippendem Untergrund ging unsere Reise los. Sehr beliebt waren die Loren, die hinten eine kleine Plattform mit einem Bremsrad hatten. Einen solchen Wagen zu erwischen, bedeutete Sicherheit und bequemen Standplatz. Stolz und glücklich fuhren wir mit dem schaukelnden und ratternden Bähnchen über die Hauptstraße, dann durch Vingst bis hinauf zum Kipport in Ostheim. Oft hielten die „scharfen Bahnmänner" nach ein paar hundert Metern Fahrt wieder an. Lokführer und Bremser sprangen ab und liefen neben dem Zug aufeinander zu. Wenn sie sich ungefähr in der Mitte trafen, waren alle Schwarzfahrer verschwunden. Dann rannten sie schnell zurück zu ihren Plätzen. Diese Gelegenheit nutzten die Mutigsten von uns, um wieder aufzuspringen.
Ein ganz gefährlicher Punkt dieser Reise war an der Kalker Kapelle. Dort liefen mehrere Strecken zusammen, und beim Rangieren auf das Hauptgleis hatte das Begleitpersonal, verstärkt durch die Weichensteller, erneut Gelegenheit, uns zu vertreiben oder einzufangen. Nach jedem Halt, nach jeder Jagd wurde das Häuflein der Schwarzfahrer kleiner. Nur wer schnell, geschickt und mutig war, kam bis zum Schuttberg, und es war klar, daß Frebels Karl auch hier der Erfolgreichste war. Müllers Heinz stand ihm nicht viel nach. Er fand immer noch ein Versteck, welches die Aufpasser übersahen. Durch

seine besondere Schnelligkeit schaffte er es, auf Züge zu springen, die für uns schon eine zu hohe Geschwindigkeit hatten. Das Gelände der Schuttabladestelle war mit einem hohen Drahtverhau eingezäunt. Wo die Züge hinein- und hinausfuhren, befand sich ein breites Tor, das abends fest verschlossen wurde. Dieser Zaun regte unsere Phantasie an – warum und wozu war er da? Heute weiß ich, daß er die Menschen vor den Gegenständen schützen sollte, die beim Abkippen an den immer höher werdenden Hängen herunterfielen; aber damals glaubten wir an die verrücktesten Dinge, die er verbarg. Ein fest in unseren Köpfen sitzendes Gerücht besagte, daß der Unbefugte, der dort erwischt würde, sofort ins Gefängnis käme, das sich oben auf dem Schuttberg befände. Vor dem Tor hielten die Züge an und warteten, daß man ihnen die Einfahrt freigab. Meistens lief dieser Vorgang so ab, daß ein leerer Zug hinausfuhr und anschließend der beladene einfahren durfte. Das war eine gute Gelegenheit abzuspringen und den Zug, der in die Gegenrichtung fuhr, zu entern.

Aus irgendeinem Grund konnte jedoch einmal der Zug, auf dem wir hockten, ohne Aufenthalt einfahren. Als das Tor immer näher kam, ignorierten wir die Gefahr, und sprangen, um ja nicht ins „Gefängnis" zu kommen oder gar noch Schlimmeres im geheimnisvoll versperrten Schuttberg zu erleben, rechts und links vom zügig fahrenden Schuttbähnchen ab.

Wir sammelten uns mit klopfenden Herzen, aufgeschlagenen Knien und abgeschürften Handflächen. Da bemerkten wir, daß der Schmitze Fred fehlte. Er war das jüngste und kleinste Mitglied unserer Gruppe und hatte wohl nicht den Mut gehabt, bei dem schnellen Tempo abzuspringen. Juliane und Liesel, seine Schwestern, machten sich größte Sorgen. Liesel, die jüngere von beiden, fing sogar an zu weinen, als sie an den „armen Fredi" dachte, der jetzt wohl im „Gefängnis"

Die Schuttbahn prägt das Straßenbild um 1946.

wäre. Juliane, die an Mut und Kraft den Jungen nicht nachstand, fuhr sie barsch an: „Hör mit der Flennerei auf. Jetzt müssen wir überlegen, wie wir ihn da wieder rauskriegen."

Wir hielten Kriegsrat, hatten aber keine Idee, wie wir ihn befreien könnten. Es blieb uns nichts anderes übrig, als zurückzufahren und unsere Eltern zu benachrichtigen. Fauchend und zischend zog eine alte Dampflok den Zug aus dem Schuttberggelände. Als sie sich näherte, glaubten wir, unseren Augen nicht trauen zu dürfen. Da stand unser Fred oben auf der Lok neben dem Lokführer und schaute aus dem Fenster auf uns hinunter. In einer Hand hielt er ein mächtiges Butterbrot und rief uns mit vollem Mund zu: „Los, macht, daß ihr auf die Loren kommt, ihr dürft euch hineinsetzen und mit nach Hause fahren!"

Ungläubig schauten wir den Lokomotivführer an. Als er gutmütig lächelnd seine Zustimmung gab, waren wir blitzschnell in den Loren und genossen unsere erste und einzige genehmigte Schuttbahnfahrt.

Als das Personal den kleinen Fred ertappt hatte, sah er so verschüchtert und verängstigt aus, daß keiner auf den Gedanken kam, ihn zu bestrafen. Das Gefängnis, von dem wir stets redeten, existierte nur in unserer Phantasie. Dort oben waren nur hart im Staub der abkippenden Loren arbeitende Männer und Frauen. Da unser Fred so dünn und verhungert aussah, bekam er einen Teller Eintopf und das besagte Butterbrot, an dem er jetzt noch kaute, sowie als Krönung die Freifahrt auf der Lok.

Eines Tages wunderten sich die Leute von der Schuttbahn, daß sie keinen Ärger mehr mit uns hatten. Seit Tagen waren wir nicht mehr an der Strecke zu sehen. Ihr Erstaunen war so groß, daß sie, wenn sie jemanden von uns sahen, ihm zuriefen: „Na, habt ihr endlich eure Nasen vom Schwarzfahren voll, passen wir zu gut auf, oder habt ihr nur Angst, 'ne Tracht Prügel zu beziehen?"

Wir zuckten mit den Achseln, machten unbeteiligte Gesichter und grinsten uns vielsagend an. Wenn die wüßten…! Wir brauchten ihre Bahn nicht mehr, denn seit kurzem waren wir stolze Besitzer einer Privatbahn.

Im Streckenwirrwarr kannte sich bald niemand mehr genau aus, und so war es nicht verwunderlich, daß eine Strecke vergessen wurde. Ein Bautrupp mußte sofort, wenn eine Straße geräumt war, die Gleise abbauen und an neue Arbeitsplätze bringen. Bei der Vielzahl der Gleisanlagen hatten sie ein achthundert Meter langes Teilstück übersehen, und zwar auf der Vorsterstraße, die damals noch durch die Chemische Fabrik Kalk führte und am Bahndamm hinter dem alten Deutzer Friedhof herauskam. Sogar eine Lore ohne Aufbauten, die dem Transport der Schienen diente, stand am unteren Ende der Straße. Einsam und einladend stand sie vor unseren Augen. Kaum hatten wir sie entdeckt, wurde sie schon von uns in Besitz genommen. Schnell hatten wir die Schienen, die auf der Lore lagen, mit vereinten Kräften abgeladen, und so stand einer Probefahrt nichts mehr im Wege. Die Straße führte mit Gefälle durch die leere Fabrik und wurde unten, wo die letzten Meter des Gleises lagen, wieder eben. Wir schoben die Lore bis zum höchsten Punkt hinauf, dann setzten sich so viele wie möglich auf das Gefährt, und ab ging die Fahrt. Erst langsam, dann immer schneller rollten wir die Straße hinunter. Unsere Bremsen waren Latten, die wir zwischen den Rädern und dem Fahrgestell einklemmten. Trotzdem sauste unsere „Privatbahn" oft genug über das Ende des Gleises hinaus, und wir flogen in hohem Bogen herunter auf die Straße.

Was konnten wir mit unserer neuen „Errungenschaft" nicht alles für tolle Spiele machen: Zugüberfall durch Indianer,

Entführung oder Befreiung einer Prinzessin, Mutproben beim Auf- und Abspringen – die Palette unserer Einfälle war riesengroß. Ungefährlich war keines unserer Spiele, und die schon mehrfach erwähnten Schutzengel hatten sicherlich alle Mühe, uns vor Schaden zu bewahren. Wir verbrachten jede freie Minute auf unserer Privatstrecke, und unsere Eltern wunderten sich genau wie die Bahnleute, daß sie uns kaum noch zu Gesicht bekamen.

Aber wie alles im Leben verging auch diese Zeit, in der wir „Eisenbahnbesitzer" waren. Irgendwann war es doch jemandem aufgefallen, daß noch eine Gleisanlage geholt werden mußte. Traurig sahen wir zu, wie unsere Privatbahn demontiert und wieder ihrer eigentlichen Aufgabe zugeführt wurde. Was blieb uns anderes übrig, als an unsere Hauptlinien zurückzukehren und das Bahnpersonal wieder mit unseren Streichen in Aufregung zu halten.

Die Kreuzblume

Trotz aller Attraktionen, die uns die Ruinen oder das Schuttbähnchen boten, war die ehemalige evangelische Pfarrkirche
in der Vietorstraße unser Lieblingsspielplatz. Dort war unser
Domizil, wo wir uns trafen und wo wir viele wunderbare Stunden unserer Kinderzeit verbrachten. Sie war unser Märchen-
schloß, unsere Ritterburg oder das Fort aus dem wilden
Westen, je nach dem, welche Zauberwelten wir uns in unserer
kindlichen Phantasie gerade aufbauten. Ihre vielen Räume,
die Wendeltreppen und unheimlichen Kellergewölbe waren
ein richtiges Spielparadies.

Es handelte sich um die Presbyterkirche, ein 1878 in neugoti-
schem Stil errichteter Backsteinbau mit einer Turmhöhe von
43 Metern. Sie stand wie eine Enklave im Werksgelände der
Chemischen Fabrik Kalk. An drei Seiten war sie von Werks-
bauten umgeben, nur die Straßenseite, an der sich Turm und
Eingangsportale befanden, war frei zugänglich.

Den Krieg hatte sie relativ gut überstanden. Die Schäden, die
ihr die Bomben zugefügt hatten, hielten sich im Rahmen.
Man hätte sie leicht wieder instand setzen können, denn
Standsicherheit und Statik des Gebäudes waren nicht betrof-
fen. Trotzdem wurde die Kirche aufgegeben, und außer dem
evangelischen Pfarrer aus der Humboldtkolonie, der gelegent-
lich die versperrten Türen kontrollierte, kümmerte sich keiner
mehr um sie. Die gesamte Inneneinrichtung war noch vorhanden, die Wandgemälde, der Stuck und das Ziermauerwerk
so gut wie unbeschädigt. Da niemand das an einigen Stellen
beschädigte Dach reparierte, änderte sich das schnell. Der

Die Presbyterkirche von 1878 in der Vietorstraße in Köln-Kalk.
Schauplatz vieler Abenteuer der Trümmerkinder aus diesem Buch.

Verfall der Kirche begann. Eines Nachts hatten Unbekannte die Türen aufgebrochen und die hölzernen Kirchenbänke gestohlen. Wenige Tage später wurde erneut eingebrochen und die aus massivem Messing bestehenden Ehrentafeln und Wandskulpturen der Kriegergedenkstätte geraubt, die sich in einem Raum links vom Turm befanden. Jetzt resignierten die Verantwortlichen in der Nachbarspfarre und gaben die Kirche endgültig auf. Sie wurde nicht mehr verschlossen, und war für jedermann zugänglich. Dies bedeutete, daß die Menschen alles noch Brauchbare aus ihr wegschleppten. Pferdefuhrwerke wurden mit den Fußbodendielen aus dem Obergeschoß der Seitenschiffe beladen. Sogar die Bodensteinplatten des Hauptkirchenraumes brachen Fremde heraus und transportierten sie irgendwo hinaus in die Umgebung von Köln. Aus dem schönen Gotteshaus war in wenigen Monaten eine trostlose Ruine geworden. 1951 wurde der schlanke Kirchturm gesprengt und die gesamte Kirche abgerissen. Das Grundstück wurde von der damals noch heftig expandierenden CFK sofort übernommen und mit einer hohen Mauer abgeschottet.

In der Mitte des hohen, spitz zulaufenden Turmes befand sich ein Glockenstuhl. Darin hingen vier unversehrte, läutbereite Glocken. Auf ihren Außenseiten stand: Für Eisen gab ich Bronze. Sie waren das Ersatzgeläut für die im Krieg konfiszierten Bronzeglocken, die zur Herstellung von Kanonen eingeschmolzen worden waren. Die Glocken, früher elektrisch geläutet, hatten auch Seile, um sie von Hand zu betätigen. Es war für uns ein Riesenspaß, mit vier bis fünf Kindern an einem Glockenseil zu ziehen und ein solches Geläut zu veranstalten, als ob Ostern und Weihnachten auf einen Tag fielen. Die Erwachsenen reagierten unterschiedlich auf den unverhofften Glockenklang. Einige hofften, sie hätten wieder Strom, und sprangen an die Lichtschalter. Andere glaubten, die Glocken erklängen, um Sturm, Feuersnot oder sonstige Gefahren zu melden. Wir hatten das ganze Stadtviertel verunsichert, machten aber den Fehler, diesen Spaß zu oft zu wiederholen. Zunächst bekamen wir nur die Schelte unserer Eltern zu hören. Doch es dauerte nicht lange, bis sich der Zorn des evangelischen Pfarrers von Köln-Humboldt über uns ergoß. Der schickte einige Männer, die die Seile entfernten und das Läutwerk mit Brettern und Pfählen blockierten. Dies nahm der Kirche als unserem Lieblingsspielplatz allerdings nichts von ihrem Reiz. Wir erlebten dort manch spannende und auch lustige Abenteuer.

Den Abschluß des Kirchturmes bildete eine große, aus Sandstein gehauene Kreuzblume, deren Seitenlängen jeweils mehr als einen Meter betrugen. Außerdem führte ein Blitzableiter hinauf, dessen Spitze die Kreuzblume um einige Zentimeter überragte. Befestigt war diese Konstruktion mit massiven Haken, die in regelmäßigen Abständen im Mauerwerk verankert waren. Ein guter, schwindelfreier Kletterer konnte, den Blitzableiter als Kletterhilfe nutzend, bis hinauf zur Kreuzblume steigen.

Frebels Karl konnte klettern wie kein Zweiter. Er war schwindelfrei, und Mut hatte er auch. So dauerte es nicht lange, und er hatte die Kletterstelle entdeckt. Zu Beginn unserer Freundschaft glaubte er wohl, er müsse immer auf's Neue seinen Mut beweisen, um seine Führungsposition auszubauen.

Eines Tages bestellte er uns zum Kirchturm. Als wir zum verabredeten Zeitpunkt eintrafen, hielt er sich nicht lange mit der Vorrede auf, sondern begann sofort mit dem Aufstieg. Die Hände am Blitzableiter, die Füße gegen das Mauerwerk gestemmt, dabei auch die kleinsten Fugen und Unebenheiten ausnutzend, zog und schob er sich behende an der Wand empor. Wenn er eine Verschnaufpause einlegen mußte, dienten ihm die Mauerhaken, die zirka zwei Zentimeter rechts

Trinkwasser war so knapp wie alle anderen Lebensmittel.

und links über die Leitung hinausragten, als Standplatz. In kurzer Zeit hatte er das Dach des Seitenschiffes erreicht, kletterte weiter bis auf das Mittelschiff und folgte der Leitung bis zu dessen Dachfirst. Dort setzte er sich rittlings nieder und winkte uns zu. Jetzt hatte er noch den Turm vor sich. „Komm runter. Das ist doch viel zu gefährlich. Du bist hoch genug", schrien wir zu ihm hinauf. Während unsere Stimmen laut und aufgeregt durcheinanderschallten, stellte er sich auf den First. Mit einer Hand hielt er sich fest, die andere streckte er mit gebieterischer Geste in unsere Richtung aus: „Macht nicht solchen Radau, sonst weiß bald das ganze Viertel, was hier los ist." Dann nahm er den Turm in Angriff. Ein paar Minuten voller Spannung vergingen, bis er die Kreuzblume erreichte.

Wer jemals aus luftiger Höhe eines Kirchturmes herabgeschaut hat, weiß, daß es einem ganz schön im Magen zieht, selbst, wenn man sicher hinter einer Brüstung steht. Wie mußte sich unser Karl erst dort oben fühlen! Er blieb auch nur kurze Zeit und kam, flink wie ein Eichhörnchen, wieder herunter. Sichtlich genoß er unsere Bewunderung. Jetzt war er für uns wirklich der Größte. In den nächsten Tagen wiederholte er mehrfach diese Klettertour und wurde von Mal zu Mal sicherer.

Es war ein schöner, warmer Sonnentag, als er wieder einmal hinaufgeklommen war. Seit neuestem machte er auf der Kirchturmspitze Rast. Er setzte sich auf ein Seitenteil der Kreuzblume und hielt sich am Mittelpfosten fest. Mit den Beinen in den Abgrund baumelnd, ließ er sich von uns bestaunen. Einige Erwachsene folgten unseren Blicken und entdeckten Karl in seinem luftigen Nest. Sofort war der Teufel los. Zeternd und aufgeregt herumpalavernd wurde auf den Jungen in der Kirchturmspitze gedeutet. Es gesellten sich immer mehr Passanten hinzu. Sie diskutierten miteinander,

und jeder wußte einen anderen Grund, warum Karl da oben
wäre. Einer machte die Bemerkung: „Der arme Junge sitzt
schon ziemlich lange dort." Der Nächste machte daraus: „Der
sitzt schon einige Stunden in dem Steinkreuz." So kochte die
Gerüchteküche ständig neuen Unsinn zusammen. Karl verhielt
sich völlig ruhig. Er hoffte wohl, daß sich die Aufregung bald
legen würde und er hinunterkommen könnte, um schnell zu ver-
schwinden. Aber das Gegenteil war der Fall, die Leute wurden
immer unruhiger. Man sprach von Liebeskummer, der den
„armen Karl" auf den Turm getrieben habe und daß ihn nun
dort oben Selbstmordgedanken plagen würden.
Wir beobachteten die ganze Angelegenheit aus sicherer Entfernung in den Trümmern versteckt und lachten uns halb tot
über die dummen Erwachsenen. Karl war mittlerweile von
einigen Nachbarn erkannt worden, und einer war zu seiner
Mutter gelaufen, um sie zu benachrichtigen. Frau Frebel ließ
alles stehen und liegen und kam im Laufschritt angerannt. An
der Kirche angekommen, schaute sie suchend zum Turm hinauf. Nach einigen Sekunden des Entsetzens schrie sie:
„Komm sofort herunter!"
Keine Antwort. „Du sollst herunterkommen!" Der Befehl
wurde lauter, drohender. Wieder keine Antwort. Jetzt kam
Frau Frebel langsam in Wut: „Du verdammter Panz, ich
schlage dich windelweich. Du bekommst eine Tracht Prügel,
die du dein Lebtag nicht mehr vergißt. Jetzt haben wir Krieg
und Bomben glücklich überstanden, da klettert der Panz auf
den Kirchturm und riskiert Kopf und Kragen!"
Während die umstehenden Leute nickend ihr Einverständnis
zu der in waschechtem Kölsch gebrüllten Drohrede gaben,
saß Karl unbeweglich und still auf seinem Platz. Er, der eigentlich wissen mußte, daß diese Drohungen seiner im Grunde
gutmütigen Mutter nur halb so schlimm waren, bekam es
scheinbar mit der Angst zu tun.

„Kommst du jetzt endlich", begann Frau Frebel erneut zu schimpfen. „Wenn du nicht augenblicklich herunterkommst, komme ich dich holen, aber dann geht es dir schlecht. Darauf kannst du dich verlassen." Kaum hatte sie dies ausgesprochen, sah sie die Unsinnigkeit dieser Drohung ein und schrie hinterher: „Ich meine, wenn ich es schaffen würde, da hoch zu kommen, käme ich dich holen. Mach es nicht noch schlimmer und komm endlich herunter."

Mittlerweile war auch die Feuerwehr, von einigen vorsichtigen Leuten alarmiert, an der Kirche eingetroffen. Sie war, wie alles in dieser Zeit, in der Aufbauphase und hatte den einzigen fahrbereiten Wagen, der eine Drehleiter besaß, losgeschickt. Die Feuerwehrleute sprangen herab und ein sich wichtig vorkommender Feuerwehrmann schrie: „Wo ist der Junge?"

Als man ihm Karl in der Turmspitze zeigte, wurde er blaß: „Da brauchen wir die Leiter gar nicht auszufahren, denn sie ist nicht halb so lang, wie der Turm hoch ist. Mußte der Bursche denn so weit hinaufklettern? Vom Kirchenschiff hätten wir ihn noch herunterbekommen, aber von dort oben …", er zuckte resignierend mit den Achseln.

„Habt ihr denn kein Sprungtuch?" rief jemand aus der Zuschauermenge. „Nein, alles bei den Bombenangriffen verbrannt, aber bei dieser Fallhöhe kann man sowieso kein Sprungtuch mehr einsetzen."

Bei Frau Frebel besiegte nach und nach die Angst um ihren Sohn den Zorn: „Mein Gott, wenn das Kind da runterfällt, bring ich mich auch um!"

Wir merkten, daß es Zeit war, diesem „Spaß" ein Ende zu bereiten. Die Sorgen und Ängste der Mutter und der anderen Zuschauer nahmen uns das Recht, weiter im Versteck zu bleiben. Müllers Käthi schickten wir zu Karls Mutter. „Frau Frebel, Frau Frebel", rief Käthi die im Gespräch mit dem „Oberfeuerwehrmann" stehende Frau an.

„Wat willste dann, Kind, ich hab jetzt keine Zeit. Mein armer Karli sitzt doch da oben in höchster Lebensgefahr." „Das ist es ja, was ich Ihnen sagen möchte. Der ist ja gar nicht in Lebensgefahr. Der hat nur Angst, weil Sie so sehr schimpfen und ihm so viel Strafe androhen. Und vor der Feuerwehr hat er bestimmt auch Angst." Frau Frebel packte Käthi an den Schultern: „Was? Was soll das heißen? Der kann, wenn er wollte, allein da runter?"

Die Frau war fassungslos.

„Na klar, der ist doch bestimmt schon zwanzig Mal dort oben gewesen und ist immer wieder allein heruntergekommen." Frau Frebel und der „wichtige" Feuerwehrmann schauten Käthi mit sprachlosem Staunen an. Nach einer Weile meinte Frau Frebel: „Du meinst, der kommt nur aus Angst vor mir nicht herunter, der kann, wenn er will, aus eigener Kraft heil und gesund hier ankommen?" Käthi nickte. „Ganz bestimmt!" sagte sie mit vollster Überzeugung.

Frau Frebel wischte sich die Angsttränen aus den Augen und schaute den Oberfeuerwehrmann fragend an. Der sah seine Wichtigkeit schwinden und meinte fast beleidigt: „Na, wenn das so ist, dann sind wir hier überflüssig. Versuchen Sie es mal im Guten. Wir ziehen uns derweil etwas zurück."

Frau Frebel trat vor und rief mit honigsüßer Stimme zum Turm hinauf: „Karl" – keine Reaktion – „Karlii, Karlemännche" – immer noch keine Reaktion – dann, in noch freundlicherem Ton: „Karli, komm doch endlich runter. Wenn du jetzt runter kommst, krißte bestimmp kein Strof, un alles is jut."

Jetzt kam Bewegung in den bis dahin ruhig und still in der Kreuzblume sitzenden Karl. Er beugte sich vor und schrie herunter: „Ehrlich, Mama? Wenn ich jetzt runter komme, kriege ich keine Prügel?" „Nä, Karlemännchen, janz bestimmp nit, komm erunter un alles is jut, verjeben un verjessen."

„Ehrenwort?" vergewisserte sich Karl. „Du bekommst gleich ein Ehrenwort, davon träumst du noch lange", wollte Frau Frebel erst aufbrausen. Es gelang ihr noch so eben, die Worte herunterzuschlucken. Statt dessen rief sie herauf: „Na jut, meinetwejen, krißte auch noch et Ehrenwort. Aber dann kommste auch sofort erunter. – Is dat klar!" rief sie drohend hinterher.

Karl merkte, daß der Zorn bei seiner Mutter wieder die Oberhand gewann und wollte die Sache nicht verschlimmern. Ruhig kam er aus seiner sitzenden Stellung hoch und stand nun in der Kreuzblume, was einige Frauen zu erschreckten Aufschreien veranlaßte. Er griff nach dem Blitzableiter, und hopp, hopp, hopp, kam er flink und geschickt heruntergeklettert. Unten wurde er von seiner Mutter in die Arme genommen und vor Freude und Erleichterung fast erdrückt. Dann schob sie ihn auf Armlänge von sich weg: „Also, Bursche, jetzt hast du ja mein Versprechen …"

„Un et Ehrenwort", kam es ängstlich von Karl. „Jawohl, un et Ehrenwort, aber wenn du in der nächsten Zeit noch einmal irgend etwas Unerlaubtes anstellst, kriegst du die Prügel von heute zu der neuen Strafe dazu."

Dann legte sie den Arm um seine Schultern. Während die Neugierigen auseinandergingen und die mittlerweile überflüssige Feuerwehr zurück zur Wache fuhr, gingen die beiden einträchtig die Straße hinunter nach Hause. Mutter Frebel spürte außer der Erleichterung über den glimpflichen Ausgang der Angelegenheit auch Stolz in sich aufsteigen, und sie dachte bei sich: Is ja eijentlich ne janz dolle Bursche, mein Karlemännchen.

Trümmerblumen
für den „Päädsbach"

In unserem Viertel lebte der Herr Berzbach, ein rüstiger, immer grimmig in die Welt blickender Rentner. Er war der einzige Erwachsene, mit dem wir auf Kriegsfuß lebten, und es war bestimmt nicht unsere Schuld.

Herr Berzbach, den wir den „Päädsbach" nannten, war der geborene Kinderschreck. Wenn er uns nur in der Nähe seines Hauses sah, verjagte er uns mit Schimpfen und Drohen. Dabei hatten wir ihm nie etwas getan, aber er schien Kinder wie die Pest zu hassen. Dadurch erreichte er jedoch nur, daß wir ihm mit größter Begeisterung Streiche spielten. Dies wiederum hatte zur Folge, daß sich seine Abneigung gegen uns noch steigerte.

Hatten wir Langeweile, dauerte es nicht lange, bis jemand auf die Idee kam: „Kommt, gehen wir ein bißchen den Päädsbach ärgern." Dann zogen wir vor sein Haus und schrien im Chor: „Päädsbach, Kinderschreck, schlägt die Kinder in den Dreck!" Wir brauchten unseren Spottvers nie lange zu wiederholen. Bald schon riß der Geärgerte die Haustür auf und rannte laut schimpfend auf die Straße. Johlend stoben wir in alle Richtungen davon, und er versuchte, einen von uns einzufangen. Erwischte er einen, was zum Glück äußerst selten vorkam, war er nicht zimperlich, und es gab ein paar saftige Ohrfeigen. Aber das war das Risiko, das die Aktionen spannend machte. Wir dachten uns immer neue Streiche aus, um ihm Anlaß zu einer wilden Verfolgungsjagd zu geben. Heimlich stapelten wir mit Mauerresten und Steinen seine Haustür zu, ehe wir mit unserem Spottgesang anfingen. Wenn er die Tür aufriß, stand er vor unserer Mauer, die den Eingang fast halbhoch versperrte. Es war für uns zum Totlachen, wenn er unser Werk wutschnaubend umstieß, um hinter uns herzujagen. Einmal hatten Karl, Fährs Kurt und Hans Lang seine Fenster spät abends mit einer braunen Lehmbrühe angestrichen, und der Päädsbach wunderte sich, daß es am anderen Morgen nicht hell werden wollte.

Der Höhepunkt und gleichzeitig die größte Mutprobe war jedoch das Steinlegen. Dazu mußte sich einer von uns in sein Haus schleichen und einen Pflasterstein, an dem ein Strick befestigt war, auf das Treppenpodest legen. Wenn der Steinleger glücklich wieder draußen war, zogen wir an dem Strick, und mit einem Höllenlärm polterte der Stein über die hölzernen Stufen herunter bis vor die Haustür. Wie eine Rakete schoß der Päädsbach auf die Straße und nahm unsere Verfolgung auf.

Das Haus, in dem die Familie Berzbach wohnte, stand ein wenig abseits. Daher hatten die anderen Erwachsenen nicht allzuviel von unserem Treiben mitbekommen. Beliebt war Herr Berzbach auch bei ihnen nicht, denn er war immer unfreundlich und hatte zu niemandem Kontakt.

Ganz wohl war mir bei diesen Streichen nie, weil mir der so Gehänselte stets ein bißchen leid tat. Einmal hatte ich den Päädsbach, nachdem er erfolglos Jagd auf uns gemacht hatte, aus sicherem Versteck beobachten können. Er war auf dem Rückweg zu seinem Haus. Mit hängenden Schultern und von der anstrengenden Verfolgung völlig außer Atem, ging er ganz nah an mir vorbei. Als ich in sein Gesicht sah, war es nicht mehr von Wut und Zorn verzerrt, nur noch Resignation und Einsamkeit lagen darin. Ich hatte plötzlich großes Mitleid mit ihm. Dieses traurige Gesicht beschäftigte meine

Trümmerblumen, vom Wind ausgesät, bedecken schon bald die furchtbaren Narben des Krieges.

Gedanken so sehr, daß ich abends mit meinen Großeltern über die Konflikte, die wir mit unserem „Feind" hatten, sprach. Die hörten sich alles an und schüttelten ein über das andere Mal ihre Köpfe, als sie von dem Repertoire unserer Streiche hörten.

Großvater sagte dazu: „Jede Generation hat ihren Kinderschreck, und die sind durch ihr Verhalten meistens selber schuld, daß sie geärgert werden. Das war bei uns genau so, aber ich glaube doch, daß ihr es ein wenig zu weit treibt."

„Das glaube ich auch", meinte Großmutter dazu, „ich weiß, er ist ein unfreundlicher Mensch, mit dem niemand etwas zu tun haben will, aber wenn man seine Situation näher betrachtet, so muß man eigentlich Mitleid mit ihm haben. Seine beiden Söhne sind im Krieg gefallen, und seine kranke Frau, die er allein pflegt, muß das Bett hüten. Er hat wohl dieses Leid nicht so gut verkraftet. Dazu ist er im Haushalt ganz auf sich gestellt. Er ist im Grunde genommen ein armer Teufel. Trotzdem sollte er seine Probleme nicht an euch Kindern auslassen."

Großvater sagte: „Geht doch mal zu ihm hin, redet mit ihm. Vielleicht läßt er euch dann in Ruhe. Macht ihr den Anfang, habt etwas Verständnis für seine Lage und beweist eure Bereitschaft, mit ihm Frieden zu schließen, indem ihr aufhört, ihm Streiche zu spielen."

Als ich im Bett lag, konnte ich lange nicht einschlafen, sondern mußte daran denken, was ich über unseren Päädsbach erfahren hatte. Wie sehr mußten die über die Holztreppe polternden Pflastersteine die kranke Frau erschreckt haben. Immer wieder sah ich im Geist das traurige Gesicht des Päädsbach vor mir und fühlte mich ziemlich mies.

Am nächsten Tag erzählte ich alles meinen Freunden, auch die Friedensvorschläge meiner Großeltern, und erklärte abschließend mit aller Bestimmtheit, daß ich in Zukunft bei den Streichen gegen den Päädsbach nicht mehr mitmachen würde. Nach kurzer Diskussion, in der häufig die Worte fielen: „Das haben wir ja alles nicht gewußt, warum hat der nie etwas gesagt", war klar, daß keiner mehr Lust verspürte, den Päädsbach zu ärgern. Auch nahmen wir uns vor, ihn nur noch bei seinem richtigen Namen zu nennen. Aber zu ihm hingehen und mit ihm sprechen, dazu fehlte uns der Mut. Schneiders Manni meinte: „Der verprügelt uns erst mal, und dann fragt er, was wir wollen."

Wir überlegten hin und her, ohne zu einem Entschluß zu kommen. Zufällig sahen wir dann die Ursache unserer Überlegungen auf sein Haus zugehen. Er trug schwer an zwei Eimern, in denen er Trinkwasser aus der „Chemischen" geholt hatte. Da hatte Frebels Karl die richtige Idee: „Morgen, wenn wir Wasser für unsere Eltern holen, fahren wir auch beim Pääds ..., ich meine, bei Familie Berzbach vorbei und bringen ihnen Wasser. Kostenlos, ist ja wohl klar", fügte er hinzu und schaute uns an. Die ganze Clique stimmte ohne Zögern zu. Herr Berzbach, der wohl merkte, daß er die Ursache unserer Tuschelei war, schaute drohend zu uns herüber. Er wartete sicher auf einen Angriff oder zumindest auf unseren Spottvers. Als wir stumm blieben, murmelte er leise vor sich hin und verschwand in seinem Haus.

Am nächsten Morgen zogen wir mit unserem gefüllten Wasserwagen vor sein Haus. Die Mädchen hatten einen Strauß Wildblumen gepflückt. Die Trümmer und Ruinen waren damals von Pflanzen und Sträuchern bedeckt, die der Wind dort ausgesät hatte. Es war, als wolle die Natur die häßlichen Narben des Bombenkrieges verstecken.

Wir nahmen Aufstellung: Vor der Haustür stand der Wasserwagen, quasi als Schutzwall, der den ersten Angriff aufhalten sollte, dahinter Käthi und Juliane mit den Blumen sowie Karl als Wortführer. Noch weiter zurück, in sicherem Abstand zur sofortigen Flucht bereit, wartete der Rest des „tapferen" Haufens. Müllers Heinz klopfte laut und anhaltend gegen die Tür, um wie der Blitz wieder zu uns zurück zu rennen. Im Haus blieb alles still, aber das kannten wir schon von unseren früheren Streichen. Herr Berzbach würde jetzt zur Tür schleichen, diese mit einem Ruck aufreißen, um in vollem Lauf hinter uns herzurennen.

Still standen wir in der sicheren Deckung unseres Wasserwagens und harrten der Dinge, die da kommen sollten. Es lief so, wie wir es erwartet hatten. Rumms, flog die Tür auf und knallte gegen die Hauswand. Herr Berzbach schoß zornerfüllt wie eine Rakete heraus und konnte soeben noch vor dem Wasserwagen abbremsen.

„Mensch Meier", flüsterte Langs Hans mir zu, „das wär ein Ding gewesen, wenn der in unsere Wasserbütt gefallen wär!" Fährs Toni brachte ihn mit einem Rippenstoß zum Schweigen, und wie vorher abgesprochen, erklang es im Chor: „Guten Morgen, Herr Berzbach." Vor Erstaunen klappte dem Angesprochenen der Unterkiefer herunter. Kein Gejohle, kein Spottvers, niemand ging laufen – nur ein freundlicher Gruß. Dies kam so unerwartet, war so neu für ihn, daß er erst einmal überlegen mußte. „Was wollt ihr von mir, was habt ihr euch jetzt wieder ausgedacht?" kam es drohend aus ihm heraus. Dabei schaute er kampfbereit von einem zum anderen, um auf jeden Angriff vorbereitet zu sein. „Wir wollen nichts Böses", sagte Karl, „wir wollen Ihnen nur Trinkwasser bringen."

Eine Weile blieb es still, dann schrie er uns an: „Ihr glaubt wohl, ich falle auf diesen dämlichen Trick rein, in das Wasser habt ihr bestimmt was reingeschüttet, vielleicht Rizinusöl, damit wir Durchfall kriegen oder sonst irgend eine Sauerei. Da müßt ihr früher aufstehen, wenn ihr den alten Berzbach reinlegen wollt."

72

In eine kurze Redepause, die er zum Luftholen brauchte, sagte Karl schnell hinein: „Sie tun uns Unrecht, wir haben wirklich nur die besten Absichten. Das Wasser ist in Ordnung. Hier, ich beweise es Ihnen!" Er nahm die Blechbüchse, die wir zum Austeilen des Wassers benutzten, tauchte sie in einen der Kessel und trank sie genüßlich leer. Juliane hob ihren Blumenstrauß hoch und sagte: „Es stimmt, was er sagt, und diese Blumen hier haben wir Ihrer Frau mitgebracht."

Herr Berzbach zog sich fassungslos in seinen Hauseingang zurück. Wieder ging sein Blick von einem zum anderen, aber jetzt lag nicht mehr Drohung und Zorn, sondern Unsicherheit und Ratlosigkeit darin. „Aber wieso, wozu, ich verstehe nicht", stotterte er.

Jetzt hielt Frebels Karl eine für einen Jungen von dreizehn Jahren verdammt lange Rede. „Wir hatten ja keine Ahnung, daß Ihre Frau so krank ist, und daß Sie uns nur aus dem Grund von Ihrem Haus vertrieben haben, damit sie Ruhe hat. Unsere Streiche mit den Steinen auf Ihrer Treppe tun uns am meisten leid." Er brachte noch mehr zur Sprache, und der Alte hörte aufmerksam und ohne Widerspruch zu. Auch als Karl zum Abschluß sagte: „Aber warum haben Sie nie mit uns gesprochen, haben uns nie Ihre Gründe erklärt? Es wäre doch alles anders gekommen", blieb er eine ganze Weile stumm. Dann ging eine Wandlung in seinem Gesicht vor. Die harten Linien des Zorns waren schon während Karls Rede nach und nach verschwunden, und jetzt sah es genau so aus, wie ich es vor Tagen einmal beobachtet hatte: unendlich einsam und traurig. Er nickte Karl zu: „Ja, du hast recht, ich hätte mit euch reden, euch um Ruhe für meine Frau bitten sollen. Aber das war es ja nicht alleine. Ich habe es nicht verkraftet, daß ihr herumtoben konntet, während meine Jungs nie mehr zurückkommen werden, weil man sie in Afrika und Griechenland begraben hat. Es war dumm von mir. Ihr hattet daran bestimmt keine Schuld. Aber ich konnte es einfach nicht ertragen. Eure Spiele, euer Lachen und Lärmen, alles erinnerte mich an meine Söhne. Ich glaube, ich habe euch manchmal richtig gehaßt, und ich spüre in diesem Augenblick, wie falsch das war. Ich nehme euer Friedensangebot gern an." Nach diesen Worten drehte er sich abrupt um und tat, als schaue er angestrengt in seinen Flur, damit wir seine Rührung nicht bemerkten. Als er sich wieder gefangen hatte, sprach er die Mädchen an: „Die Idee mit den Blumen finde ich ganz toll. Ich habe noch eine Bitte, könntet ihr sie meiner Frau persönlich geben? Sie hat schon so lange keinen Besuch mehr gehabt!"

Während Käthi und Juliane zögernd im Haus verschwanden, füllten wir die Eimer von Herrn Berzbach mit Trinkwasser. Dann kam Käthi wieder heraus und winkte uns mit den Worten: „Los, alle reinkommen, die Frau Berzbach will euch kennenlernen", ins Haus hinein. Dort zwängten wir uns mehr oder weniger verlegen in das Schlafzimmer. Die kranke Frau lag blaß und schwach, von Kissen gestützt, in einem breiten Bett. Sie empfing uns mit freundlicher Miene, und ihre nette Art, mit uns zu sprechen, ließ uns unsere Scheu schnell überwinden. Schließlich hockten wir alle auf dem Bett um sie herum und beantworteten viele Fragen. Wir merkten, daß wir für sie eine unerwartete Verbindung mit der Welt außerhalb ihres Krankenzimmers darstellten. Als sie dann müde wurde und Herr Berzbach uns durch den Hausflur nach draußen brachte, sagte er: „Kinder, ich danke euch, ich glaube, euer Besuch hat sie sehr glücklich gemacht, denn heute habe ich sie nach langer Zeit wieder einmal lachen gesehen. Kommt bald mal wieder zu einem Besuch vorbei."

Meine Großmutter, die ehrenamtlich bei einer caritativen Organisation arbeitete, besuchte die Familie Berzbach nun regelmäßig. Sie sorgte dafür, daß die Frau bessere ärztliche

Betreuung bekam und schaffte es schließlich, ihr einen fahrbaren Krankenstuhl zu besorgen – ein kleines Wunder in der damaligen Zeit. Von nun an änderte sich das Leben der alten Leute grundlegend. Die Nachbarn sahen sie jetzt häufig zusammen auf der Straße. Er hatte sein unfreundliches Wesen geändert, und es war rührend anzusehen, wie liebevoll er die sorgsam in Decken gehüllte Frau durch die Straßen fuhr. Sie, die so lange ans Krankenbett gefesselt gewesen war, blühte sichtlich auf. Wenn wir Kinder sie unterwegs trafen, gingen wir zum Rollstuhl und begrüßten die alte Dame. Oft blieben die beiden in unserer Nähe stehen und schauten unseren Spielen zu. Wir hatten unseren Kinderschreck verloren und neue Freunde gewonnen.

Der Kamin

Zwischen Vietor-, Vorster- und Mülheimer Straße lag eine kleine Fabrik, die bis auf einige Grundmauern, über die sich ausgeglühte Eisenträger spannten, zerstört war. Aus diesen Mauerresten ragte trutzig der etwa fünfundzwanzig Meter hohe, aus roten Backsteinen erbaute Fabrikschlot, der erstaunlicherweise den Krieg überstanden hatte. An seinem Fuß befand sich eine gemauerte Feuerungsanlage, aus der ein zwei Meter langer Tunnel in den Kamin hineinführte. Dieser ebenfalls aus Backsteinen erbaute Tunnel maß an die sechzig Zentimeter im Durchmesser, bot also genügend Platz, um durch ihn in den Schornstein zu kriechen. Unten hatte dieser mehr als drei Meter Durchmesser, an seiner Krone maß er immer noch an die eineinhalb Meter. Wir hatten schnell entdeckt, daß in seinem Inneren eiserne Sprossen angebracht waren, die bis hinauf zu seiner Spitze führten. Wer den Mut aufbrachte, hinaufzusteigen, konnte den Kopf über den Kaminrand stecken und weit über die Ruinen hinausschauen. Dabei konnte man mit Pfiffen und lauten Rufen der Umwelt seine „Heldentat" mitteilen.

Dieser Ort lag im Grenzgebiet zweier Kindergruppen. Wir, die „Frebels" auf der einen, die Kinder vom Markt und der Kapitelstraße auf der anderen Seite. Ein paar Mal hatten wir die vom Markt schon vom Kamin vertrieben. Das ging immer relativ leicht, ein paar Steinwürfe und ein mit lauten Drohrufen begleiteter Angriff jagte sie schnell davon. Dabei muß der Gerechtigkeit halber gesagt werden, daß die vom Markt keineswegs feige waren, nur zahlenmäßig unterlegen, so daß für sie nur die Flucht blieb. Die Verjagten sannen auf Rache. Ihr Anführer, der Hensels Büb, ein kräftiger Bursche mit blonden Haaren und blauen Augen, wußte, daß er im offenen Kampf mit seinen wenigen Freunden keine Chance gegen uns hatte und wartete geduldig auf eine passende Gelegenheit, nur einen Teil von uns zu erwischen. Als er sie erhielt, hatte ich das Pech, zu dieser kleinen Gruppe zu gehören.

Die Größeren von uns waren mit ihren Eltern an diesem Tag ins Bergische Land gefahren, um Kartoffeln zu „hamstern". Das waren blöde Tage, denn wir Kleineren hatten niemanden, der uns sagte, was wir tun sollten. So saßen wir in den Hauseingängen herum und langweilten uns. Müllers Heinz, der mit Fredi Schmitz, Schneiders Manni und mir zusammen war, hatte plötzlich eine Idee. „Gehen wir zum Kamin. Heute können wir mal hochsteigen, ohne darauf warten zu müssen, daß die Großen es uns erlauben." „Super", meinte Manni, auch Fred und ich stimmten begeistert zu. Also zogen wir los, und bald war das Fabrikgelände erreicht.

Auf einem Mauervorsprung saß einer der Marktbande. Er beobachtete uns eine Weile und nahm dann schnell Reißaus. Natürlich fühlten wir uns mächtig stark und riefen ihm Schimpfworte und höhnische Bemerkungen hinterher. Wir wußten nicht, daß der schlaue Hensels Büb ihn als Wachposten aufgestellt hatte mit dem Befehl, sofort Meldung zu machen, wenn einer von den Frebels dort auftauchen würde. Als er die Nachricht erhielt, daß wir nur zu viert waren, und daß Müllers Heinz und ich zu dieser Gruppe gehörten, trommelte er sofort seine Leute zusammen, denn auf die beiden Heinze hatte er besonders große Wut. Wenn wir sie mit Hilfe unserer starken Freunde Karl, Toni, Hans und Dick vertrieben, taten wir uns besonders hervor. Laute Spottgesänge und Schimpfworte, zu denen wir alleine viel zu feige gewesen wären, schrien wir hinter ihnen her. Büb hatte das richtig erkannt, drohend seine Fäuste in unsere Richtung geschüttelt und gebrüllt: „Wenn ich euch Giftzwerge einmal alleine kriege, schlage ich euch windelweich." Heute hoffte er, am Ziel zu sein und seine Drohung in die Tat umsetzen zu können.

Wir hatten längst unser Ziel erreicht und krochen, einer hinter dem anderen, durch den Feuerungstunnel. Im hohen Schlot angelangt, schauten wir hinauf zu dem runden Stück Tageslicht, welches hoch über uns das Ende des Kamins anzeigte. Das Licht reichte nicht bis hinunter, und so mußten wir uns erst an das Halbdunkel gewöhnen. Schließlich fanden wir die Steigeisen, von denen uns die Großen erzählt hatten. Wir sandten lange Blicke nach oben. Die Angst vor der eigenen Courage hatte uns gepackt, aber keiner wollte sich oder den anderen eingestehen, daß er viel lieber wieder hinaus in die frische Luft gekrochen wäre, als hinauf ins Ungewisse. Wir begannen mit dem Aufstieg. Müllers Heinz als Initiator mußte als erster hinauf, dann Manni, Fredi und ich als Schlußlicht. Die Eisen waren in Abständen von zirka vierzig Zentimetern in die Wand eingemauert, was für uns Knirpse ganz schön anstrengend war. Blind tastete ich mich von Eisen zu Eisen. Hochschauen konnte ich nicht, weil mir sofort Ruß und Dreck in die Augen fielen, den die vorauskletternden Freunde lostraten. Auf halber Höhe konnten wir verschnaufen, weil Manni kräftig auf Fredis Finger getreten war und wir den vor Schmerz heulenden erst beruhigen mußten. Dann ging es weiter, und endlich war die Kaminkrone erreicht. Innen war ein fünfzehn Zentimeter breites Lochblech angebracht, das wohl größere Rußbrocken in den Kamin zurückfallen lassen sollte. Als wir von den Steigeisen auf dieses Blech stiegen, ragten wir mit Brust und Kopf über die Mauer hinaus. Nach und nach schoben wir uns auf die unsichere Plattform, legten die Arme über den Mauerrand und hatten so einen relativ guten Standplatz. Au weia, war das hoch, aber was hatten wir hier für einen Ausblick. Weil jeder mal in alle Richtungen schauen wollte, schoben wir uns einmal rund um die Kaminkrone. Jetzt merkten wir auch, warum uns Frebels Karl die Ersteigung verboten hatte. Der Kamin hatte zwar den Krieg überstanden, aber beileibe nicht unversehrt. Die Druckwellen der explodierenden Bomben hatten ihm im oberen Viertel Risse eingebracht, durch die das Tageslicht fiel. Die Steine waren gelockert und lagen zum Teil lose auf. Die letzten Steigeisen und das Lochblech, dem wir blindlings unser Leben anvertrauten, hatten ebenfalls keinen festen Halt. Es war eine gefährliche Lage, in die wir uns leichtsinnig gebracht hatten.

Als wir beschlossen hatten, abzusteigen, sahen wir die ganze Marktbande unten versammelt. Büb schrie zu uns hinauf, wie froh er wäre, daß er uns erwischt hätte und daß wir jetzt mächtig „Saures" bekämen. Hinunter konnten wir nicht mehr. Büb hätte uns mit seinen Kumpanen wie Graubrote aus dem Ofen gezogen. Dann wären wir gefesselt und zu ihrem Schlupfwinkel, einem ehemaligen Luftschutzbunker am Markt, geschleppt worden.

Als wir keine Anstalten machten, uns zu ergeben, schickte sich Büb an, mit ein paar Freunden heraufzusteigen. Wir nahmen Steine von der Mauer und warfen sie in den Kamin. Büb gab seinen Versuch sofort auf. Er sah ein, daß es unmöglich war, uns auf diese Weise zu bekommen. Statt dessen begannen sie, uns mit ihren Flitschen zu beschießen. Eine „Flitsch" besteht aus einer Astgabel mit Gummibändern, am besten Streifen aus alten PKW-Schläuchen. Damit kann man kleine Kiesel sehr weit und relativ treffsicher schleudern. Die Steine klatschten gegen den Schornstein oder pfiffen über ihn hinweg. Wenn wir uns nicht über die Brüstung lehnten, konnten wir nicht getroffen werden. Der Kampf stand also unentschieden. Wir konnten nicht hinunter und die Gegner nicht herauf. Das genügte Büb jedoch nicht. Er wollte einen Sieg an seine Fahnen heften. Zu lange hatte er auf diese Gelegenheit warten müssen. So kam er auf die „geniale" Idee, uns auszuräuchern. Er ließ vertrocknete Sträucher und Blätter sammeln und stopfte alles zusammen mit alten Lumpen in den Ofengang. Mit einem Brennglas entzündete er ein Stück Papier und legte es unter das Laubwerk. Schnell fanden die Flammen Nahrung, und unterstützt vom starken Sog des Kamins brannte das Feuer bald lichterloh. Qualm und heiße Luft stiegen empor und raubten uns den Atem. Jetzt war es mit unserer Tapferkeit vorbei. „Wir ergeben uns, aufhören, wir geben auf, laßt uns hinunter!"

Von unten erklang Siegesgeschrei, und die Gewinner versuchten, das Feuer wieder zu löschen, damit wir hinunterkommen konnten. Doch vergeblich, sie hatten längst die Herrschaft über die Flammen verloren, die knatternd und prasselnd enorme Hitze und dichten Qualm durch den Kamin nach oben schickten. Es wurde immer heißer, immer dichter umhüllte uns der Rauch. Zu unserem Glück drückte ein leichter Wind die Rauchsäule, sobald sie über den Kaminrand kam, seitlich weg. Wir krochen alle auf die Seite, die von Rauch frei war. Wenn wir uns weit über den Rand beugten, konnten wir noch leidlich atmen. Wir schrien um Hilfe und hatten Todesängste. Auch denen vom Markt war das Jubeln längst vergangen. Sie hatten mittlerweile die Tragweite ihres Handelns erkannt und versuchten verzweifelt, uns zu helfen. Dann hatte Büb den richtigen Einfall: Er schickte seinen schnellsten Läufer zum Meisse Krumm, der ein paar hundert Meter entfernt mit seinem Bruder einen Schrotthandel gegründet hatte. Zum Glück war er gerade auf dem Schrottplatz und konnte die aufgeregt vorgetragene Nachricht annehmen. Er schnappte sich einige Stangen und Haken und rannte, so schnell es sein steifes Bein erlaubte, zum Kamin.

Das Trümmerlabyrinth einer zerstörten Fabrik.
Hier stand der beschriebene Schornstein.

Wir hatten, um Luft zu sparen, längst mit unserem Wehge-
schrei aufgehört und hingen weinend und nach Luft schnap-
pend wie Räucherwürste über dem Kaminrand. Als wir den
Meisse Krumm herbeihumpeln sahen, versuchte Müllers
Heinz uns und sich selbst Mut zu machen, indem er immer
wieder flüsterte: „Der Krumm holt uns hier raus. Der schafft
das ganz bestimmt, das weiß ich."
Er hatte recht. Meiss erkannte die Gefährlichkeit unserer Lage
und bemühte sich sofort, uns zu retten. Bei allem Eifer und
aller Hektik blieb er umsichtig und überlegt in seinen Handlungen. Er arbeitete mit größter Kraft und hohem Tempo.
Mit einer langen Eisenstange, an deren Ende er einen Haken
gebogen hatte, riß er das brennende Material aus dem Feuer-
kanal. Die zum Teil mit Öl getränkten Lappen holte er als
erstes heraus und verminderte so den beißenden Qualm
beträchtlich. Gleichzeitig schickte er Büb mit seinen Leuten
zum Schrottplatz, um Regenwasser zu holen, welches er dort
in Tonnen auffing. Als diese mit allerlei Gefäßen, wie Eimern,
Blechbüchsen und Kochkesseln, zurückkehrten, holte Meiss
gerade die letzte Glut aus der Feuerung.
„Hallo, ihr da oben!" schrie er hinauf, „lebt ihr noch?"
Hustend und krächzend bejahten wir seine Frage. „Haltet
noch ein wenig aus, erst muß hier unten alles abkühlen. Jetzt
kommt noch mal etwas Dampf hoch, aber das ist nicht mehr
gefährlich. Ich sage euch, wenn ihr hinuntersteigen könnt."
Dann begann er, das heiße Mauerwerk mit Wasser zu kühlen
und noch brennende Reste zu löschen. Als der Tunnelein-
gang nicht mehr so heiß war, mußten Büb und seine Freunde
hineinkriechen, um auch das Innere mit Wasser zu benetzen.
„Eine Strafe müßt ihr ja bekommen", meinte Meiss, ehe er sie
dazu abkommandierte. Nach ein paar Minuten war es soweit,
und Meiss schrie zu uns herauf, daß wir herabklettern könnten. Dieser Abstieg durch den noch unangenehm heißen, mit

nach Ruß und Qualm stinkender Luft gefüllten Kamin kam uns wie eine Ewigkeit vor. Als wir endlich an der Tunnelöffnung ankamen, zog uns Meiss nacheinander heraus und setzte uns auf einen Mauerrest.

Wir boten einen kläglichen Anblick mit unseren rußigen Kleidern und unseren geschwärzten, tränenverschmierten Gesichtern. Wir husteten noch eine Weile, hatten aber riesiges Glück gehabt, denn wir waren unverletzt, und die leichte Rauchvergiftung war in der frischen Luft nach kurzer Zeit überstanden. Meisse Krumm legte die Hände in die Hüften, sah uns an und lachte: „Ihr seht vielleicht aus. Wie ein paar junge Nebelkrähen, die aus dem Nest gefallen sind." Als Büb und seine Freunde in sein Lachen einstimmen wollten, herrschte er sie grob an: „Ihr haltet eure Schnauzen. Der einzige, der hier lachen darf, bin ich. Ihr habt Schwein gehabt, denn um ein Haar wäret ihr am Tod von den vier Jungen Schuld gewesen. Also gibt es überhaupt nichts zu lachen für euch, das ist doch wohl klar."

Verlegen senkten sie die Köpfe: „Das hatten wir nicht gewollt. Wir wußten nicht, daß es so gefährlich sein würde, haben es nicht überlegt", tönte es aus ihren Reihen. „Klar habt ihr das vorher nicht überlegt, ich würde euch auch nicht zutrauen, dies vorsätzlich gemacht zu haben. Ihr wolltet nur einen Streich spielen, euren Feinden einen Denkzettel verpassen. Darum laßt euch das eine Lehre sein, und überlegt die Folgen und die Tragweite eures Handelns, bevor ihr noch mal die Helden spielen wollt. Das gilt auch für euch halbgeräucherte Frebels. In Zukunft will ich niemanden mehr in diesem baufälligen Kamin sehen. Sonst könnt ihr alle erleben, daß der alte Meiss verdammt ungemütlich werden kann."

Mit zerknirschten Gesichtern nickten ihm Freund und Feind zu. Dann humpelte unser Retter zu seinem Schrottplatz zurück, in seinem Gefolge Büb mit seinen Leuten, die die

Wassergefäße und Eisenstangen zurücktragen mußten. Büb quetschte sich sogar eine Entschuldigung durch die Lippen, als er an uns vorbeiging. Wir nickten gnädig zurück, waren aber heilfroh, daß sie uns in Ruhe ließen. Dann machten auch wir uns auf den Heimweg und holten uns die mehr oder weniger schweren Strafen für unsere verdreckten Kleider ab. Den Kamin habe ich von da an wie die Pest gemieden. Keine zehn Pferde hätten mich noch einmal dort hinaufbekommen.

Der große Kampf
am alten Marktplatz

Als wir wieder einmal am Kirchplätzchen, den Grünanlagen um die evangelische Kirche, versammelt waren, sahen wir Meyers Häns, den Anführer der Kinder von der Peter-Stühlen-Straße, mit einigen seiner Kameraden aus der Ferne auf uns zukommen. Das war ziemlich außergewöhnlich. Wenn auch keine Feindschaft zwischen den Frebels und seiner Mannschaft bestand, kam es doch hin und wieder zu kleinen Reibereien zwischen einzelnen Hitzköpfen. Dementsprechend mißtrauisch beobachteten wir das Näherkommen von Häns und seinen Freunden.

Unsere Gruppen blieben meistens in ihren eigenen Gebieten. Wo sich die Grenzen überschnitten oder nicht eindeutig festgelegt waren, hatte immer die dort zuerst erschienene Schar Platzrecht. Wer später kam, mußte sich einen anderen Ort zum Spielen aussuchen. Wir schauten unruhig auf die langsam auf uns zukommenden Kinder. Was konnten sie nur von uns wollen? Hier an der Kirche war unser Kernland, unser Hauptquartier, hierhin kamen die anderen nie. „Mit bösen Absichten können sie eigentlich nicht kommen, dafür sind es zu wenige", sagte Frebels Karl in die erwartungsvolle Stille hinein.

Schließlich hatten Häns und seine Adjutanten uns erreicht. Die Hände in den Hosentaschen, eine Mütze mit hochgeklapptem Schirm lässig in den Nacken geschoben, baute sich Häns vor Frebels Karl auf. „Hallo", knurrte er kurz zwischen den Zähnen hervor. „Hallo", antwortete Karl ebenso kurz. Einige Zeit blieb es still und die Jungen betrachteten sich mißtrauisch. Dann ergriff Häns das Wort. „Die vom Markt haben uns den Krieg erklärt. Heute morgen haben sie den kleinen Köbi abgefangen, ihn verprügelt und dann mit einer Botschaft zu mir geschickt."

Er griff in seine Jackentasche und zog einen Zettel hervor, den er Karl in die Hand drückte. Darauf stand in krakeliger Schrift und gespickt mit Schreibfehlern folgende Nachricht, die Karl uns mit lauter Stimme vorlas:

KRIEGSERKLÄRUNG

Wir vom Markt haben et satt, dat die
Banden vom Meyers Häns un vom Frebels Karl
immer uns Fründe abfangen und verhauen.
Deshalb sinn mir morgen um 11 Uhr all
auf dem Markt zum großen Kampf versammelt.
Wenn ihr nit kommt seit ihr veig und hapt verloren.

Die Marktbande

Nun muß zur Ehrenrettung der Kinder vom Markt gesagt werden, daß sie nicht vor lauter Dummheit so viele Fehler in ihrem Brief gemacht hatten, sondern weil es zu dieser Zeit schon bald zwei Jahre keinen Schulunterricht mehr in Köln gab. Wir konnten auch nicht besser schreiben und hatten darum die meisten Schreibfehler gar nicht als solche erkannt. Nachdem Karl den Brief zu Ende gelesen hatte, war es lange still, diese Nachricht mußte erst einmal verdaut werden. Dann setzte eine erregte und teilweise lauthals ausgetragene Diskussion ein.

„Wir haben denen doch gar nichts getan, im Gegenteil, die greifen uns doch immer an. Wißt ihr noch, wie sie den

Schmitze Fredi, den Manni und unsere zwei Heinze im Kamin beinahe verbrannt haben?" Aus dem Hintergrund ertönte aufgeregt ein helles Stimmchen: „Das wär dann nämlich Mord gewesen, so was Schlimmes haben wir noch nie gemacht." „Den Mielkes Emil haben sie auch schon mal verhauen", kam die nächste Wortmeldung. „Der Büb zieht immer eine Schau ab, wenn es mal seinen Leuten an den Kragen geht, dabei haben wir noch nicht halb so viel angestellt wie die vom Markt. Na ja, den dicken Pauli haben wir vorige Woche eingefangen und ein bißchen verkloppt und den Kellers Fritz haben wir bei Tullens in den Keller gesperrt, weil der Fährs Toni gesagt hat: Wer Keller heißt, der gehört auch in den Keller!" So tönte es aus den Reihen der Frebels.

Häns und seine Leute waren sich auch keiner Schuld bewußt: „Bei uns ist es doch ganz genau so, wir tun denen doch auch so gut wie nichts, trotzdem sind die Typen vom Büb sich immer am beschweren. Nur vorgestern hatten wir den Bergers Franz geschnappt, aber dem haben wir kaum etwas getan, war gar nicht der Rede wert, nur ein bißchen gefesselt und dann gekitzelt, der hat vielleicht gestrampelt. Und nur weil wir dem frechen Ritters Kathrinchen einen Zopf abgeschnitten haben, braucht man uns noch lange keinen Krieg zu erklären."

So lauteten die mit Unschuldsmienen vorgetragenen Kommentare. Ein unbeteiligter Zuhörer hätte jedoch schon nach kurzer Zeit erkannt, daß beide Gruppen jede Möglichkeit wahrnahmen, um denen vom Markt eins auszuwischen. Da die mit gleicher Münze zurückzahlten, war es für jeden ein riskantes Abenteuer, in die Gebiete anderer Gruppen einzudringen. Deshalb wurden solche Grenzüberschreitungen auch tunlichst vermieden. Nur manchmal war es einfach nicht zu verhindern, etwa wenn man von den Eltern in ein Geschäft im fremden Viertel zum Einkauf geschickt wurde, oder wenn man das Pech hatte, daß dort Verwandte wohnten. Solche unabänderlichen Besuche im „feindlichen" Viertel bedurften einer sorgfältigen Planung. Schleichwege mußten ausgekundschaftet werden, so daß man oft große Umwege machen mußte, um nicht auf die andere Gruppe zu stoßen. Ich hatte mir folgende Taktik ausgedacht: Sobald ich im „Feindesland" war, rannte ich bis zur nächsten Straßenecke, spähte vorsichtig in die Straße hinein, ob die Luft rein war, um in schnellem Lauf zur nächsten Ecke zu flitzen, wo sich das Spiel wiederholte. Wenn ich auf Kinder der anderen Seite traf, brachten mich meine flinken Beine – meine einzige Verteidigungshilfe – immer schnell in Sicherheit.

Als sich die erste Aufregung gelegt hatte, sagte Häns: „Also, die Kriegserklärung gilt für unsere beiden Gruppen. Nehmt ihr sie auch an und kämpft mit uns gemeinsam oder seid ihr feig und gebt euch gleich geschlagen?" Frebels Karl ließ diese Andeutung, daß wir feige sein könnten, keine Sekunde unbeantwortet und erklärte dem Häns, wie mutig wir alle wären, und wie sehr wir nach diesem Kampf lechzten.

Bei seinen Worten beobachtete ich die Jungen und Mädchen unserer Gruppe. Was ich da sah, war bei weitem mehr ängstliche Skepsis als heroischer Edelmut. Aber keiner wollte sich die Blöße geben und Karl widersprechen. Alle blieben stumm und gaben damit ihr Einverständnis.

„Dann ist ja alles in Ordnung. Wir treffen uns morgen um halb elf Uhr bei uns an der Ecke", meinte Häns zufrieden. Er tippte sich lässig an die Mütze und marschierte mit seinen Leuten zurück in ihr Gebiet. Als sie schon ein Stück entfernt waren, drehte er sich noch einmal um und schrie zu uns herüber: „Vergeßt eure Schleuderbüchsen nicht, bringt so viel wie möglich davon mit, die Qualmdinger sollen denen so richtig Angst machen. Die werden es noch bereuen, uns den Krieg erklärt zu haben!" Er hob seinen rechten Arm und schüttelte zum Abschied noch einmal seine Faust, wohl um uns zu zeigen, daß er morgen denen vom Markt ganz schön Saures geben wollte.

Lange standen wir noch zusammen und redeten uns die Köpfe heiß. Wir schmiedeten Pläne und verwarfen sie wieder, um uns gleich darauf neue Taktiken auszudenken, wie wir die Marktbande besiegen könnten.

Was wir nicht verstanden und was in unseren Gesprächen immer zum Ausdruck kam, war die Tatsache, daß Hensels Büb, dieser schlaue Fuchs, auf einmal so dumm war und zwei Kinderhorden gleichzeitig zum Kampf aufforderte. Dabei waren die vom Markt schon den Frebels von der Anzahl her weit unterlegen und Meyers Häns konnte noch bedeutend mehr Kampfgenossen als wir um sich versammeln. Karl wiegte bedenklich seinen Kopf und sagte: „Da stimmt was nicht, da ist ein Haar in der Suppe. Laßt euch von mir gesagt sein, da steckt wieder einer von den Tricks hinter, die sich der clevere Büb immer ausdenkt."

Während dieser Gespräche waren wir auch mit praktischen Vorbereitungen für die bevorstehenden Kämpfe beschäftigt. Wir reparierten unsere Flitschen und sammelten eifrig passende Steine, die als Geschosse benutzt werden konnten. Großes Augenmerk richteten wir auf die von Meyers Häns angeforderten „Wunderwaffen", die Schleuderbüchsen. Wer eine besaß, holte sie von zu Hause, um ihre Verfassung zu prüfen. Den übrigen wurden in Gemeinschaftsarbeit welche angefertigt. Das war relativ einfach, denn eine Schleuderbüchse bestand aus einer leeren Konservendose und einem Stück Draht. Boden und Außenwand wurden mit einem Nagel völlig durchlöchert. In den oberen Dosenrand kamen nur zwei sich gegenüberliegende Löcher. Dort befestigten wir den Draht mit einem Ende im linken und dem anderen im rechten Loch, so daß ein 50 bis 60 Zentimeter langer Bügel entstand. Diesen Bügel an seinem oberen Ende festzuhalten und mit kreisenden Armbewegungen die Büchse rundzuschleudern war keine Kunst. In die Dose wurde zuerst Papier und Holz gelegt, dann frisches Gras oder, im Herbst, feuchtes Laub. Eine der Öffnungen am unteren Dosenrand war etwa zwei mal zwei Zentimeter groß, so daß ein Streichholz hineingesteckt und der Inhalt in Brand gesetzt werden konnte. Sobald das Papier brannte, begannen wir mit dem Schleudern, und aus der alten Konservendose war eine Schleuderbüchse geworden.

Dieses in schnellen Kreisen gewirbelte Instrument erhielt durch die zahlreichen Öffnungen soviel Sauerstoff, daß sein Inhalt fauchend wie ein Schmiedefeuer in heller Glut lohte. Diese Glut war so heiß, daß selbst das feuchte Laub und Gras verbrannte. Dabei entstanden große Qualm- und Dampfschwaden. Genau das war der gewünschte Effekt. Diese glühenden und uns in Qualmwolken hüllenden Schleuderbüchsen wirkten so bedrohlich und martialisch, wenn sie durch die Luft sausten, daß es denen vom Markt bestimmt Angst und Schrecken einflößen würde, wenn wir damit aufmarschierten. Der Nachmittag verging wie im Fluge und bald war es Abend geworden, und ich mußte heim zum Abendessen. Als ich später zu Bett ging, lag ich noch lange wach und meine Gedanken kreisten um den bevorstehenden Straßenkampf. Ich hatte schon viele Berichte von solchen Kämpfen zwischen den Kindern von verschiedenen Stadtvierteln gehört. Selbst mein Großvater erzählte des öfteren von den großen „Kämpfen" seiner Kinderzeit, als er mit seinen Freunden gegen die Höhenberger und Vingster in die „Schlacht" gezogen war. Dabei lag sogar ein stolzer Unteron in seiner Stimme, der zu diesem friedvollen Menschen gar nicht paßte. Nun sollte ich morgen den ersten Straßenkampf in meinem Leben kennenlernen und ich war ganz schön nervös. Karl hatte zwar großspurig behauptet, daß von seinem Team keiner Angst hätte, aber wenn ich mir die kräftigen Typen vom Markt vor mein geistiges Auge holte, rutschte mein Herz ziemlich tief in die Hose.

Als mich meine Oma am nächsten Morgen weckte, waren meine Gedanken sofort wieder bei den bevorstehenden Auseinandersetzungen. Dabei befand ich mich in einem Wechselbad der Gefühle: Einerseits freute ich mich auf meinen ersten Straßenkampf und die damit verbundenen Abenteuer, andererseits machten mir die Gefahren, welche die erfahrenen Älteren unserer Bande in den dunkelsten Farben ausmalten, doch ziemlich Angst.

Nach dem Frühstück, bei dem ich mit meinem aufgeregten Herumgezappele meine Großeltern nervös gemacht hatte, nutzte ich die erste sich bietende Möglichkeit, hinaus auf die Straße zu kommen. Ich wollte um keinen Preis zu spät an unserem Treffpunkt erscheinen. Denn Karl hatte sich gestern abend mit den Worten verabschiedet: „Wer Mut hat, ist morgen pünktlich zur vereinbarten Zeit am Kirchplätzchen, wer feige ist, darf zu Hause bleiben und Däumchen drehen!"

Nach und nach trudelten alle Mädchen und Jungen der Frebels auf unserem Lieblingsspielplatz ein. Niemand blieb fern, denn keiner wollte sich nachsagen lassen, feige zu sein. Aber lustig und ausgelassen, wie bei unseren sonstigen Treffen, war an diesem Tage niemand. Selbst Karl, der als unser Anführer Zuversicht und Siegessicherheit ausstrahlen mußte, merkten wir die Anspannung an. Darüber konnte auch seine gespielte gute Laune und sein Imponiergehabe nicht hinwegtäuschen. Gegen halb elf Uhr zogen wir dann zu dem mit Meyers Häns vereinbarten Sammelplatz. Wir sahen sehr imposant aus (zumindest glaubten wir das), als wir dicht geschlossen, mit um die Schultern gehängten Schleuderbüchsen, den im Hosenbund steckenden Flitschen und knüppelschwingend die Straßen entlang marschierten. Als wir ankamen, wurden wir schon von Häns und seiner gesamten Mannschaft erwartet. Sie waren genau so bewaffnet wie wir und hatten sogar noch eine Fahne. An einem ehemaligen Besenstiel war ein Stück von einem alten Bettuch mit Reißzwecken befestigt. Auf diesen Lappen hatten sie einen mächtigen Löwen mit drohend hochgereckten Pranken gemalt. So jedenfalls erklärten sie auf unsere Fragen die Bedeutung des Bildes. Für mich jedoch sah dieses Abbild mehr aus wie ein Pferd mit Vollbart. Aber über Geschmack und Kunst soll man bekanntlich ja nicht streiten.

Auch sie waren schweigsam und wirkten angespannt. Die Begrüßung war dementsprechend knapp, doch wir merkten ihnen an, daß sie aufatmeten, weil wir so zahlreich erschienen waren. Uns ging es genau so, auch wir registrierten erleichtert, daß auch Häns seine Truppe restlos um sich versammelt hatte.

Karl, Häns und ihre Vertreter berieten kurz den Angriffsplan. Sie waren sich schnell einig. Beide Scharen würden sich vereinigen und als eine große, zusammengehörige Streitmacht den Marktleuten gegenübertreten. Dann wurden wir nach Größe und Kraft aussortiert und die Aufmarschordnung festgelegt. An der Spitze standen Häns und Karl, dann folgten unabhängig von ihrer Gruppenzugehörigkeit die kräftigsten und mutigsten Kämpfer. So ging es Reihe um Reihe, bis dann zum Schluß wir Kleinen und die Mädchen die Nachhut bildeten. Die Schleuderbüchsen wurden angezündet und Karl und Häns gaben das Zeichen zum Abmarsch. Es muß ein eigenartiges Bild gewesen sein, als etwa dreißig bis vierzig Pänz mit grimmigen Gesichtern und qualmenden Blechdosen in den Händen durch das Stadtviertel zogen.

Häns, der eine gute Stimme hatte, begann laut und klar ein altes Landsknechtslied zu singen. Müllers Heinz und Kochs

Jupp schlugen auf ihren als Schutzschilder mitgenommenen Waschkesseldeckeln den Takt. Jetzt fühlten wir uns fast wie echte Landsknechte, auf deren Baretten die Adlerfedern auf und ab wippten, so wie wir es gerade in unserem Lied besangen. Wir strafften unwillkürlich unsere Schultern, reckten unsere Köpfe in die Luft und schritten gleich schneller aus. Die Erwachsenen, die uns unterwegs begegneten, blieben kopfschüttelnd stehen und bestaunten uns mit offenem Mund und ungläubigen Blicken.

Dann führte unser Weg in die Kapitelstraße hinein. Jetzt hieß es aufpassen, diese Straße gehörte schon zum Gebiet der Marktbande. Von nun an waren wir im „Feindesland". Wir hatten aufgehört zu singen, nur unsere Waschkesseltrommeln gaben laut und blechern klingend den Takt für unser Marschtempo an. Wir marschierten wachsam die Straße hinauf, aber alles blieb ruhig, keiner von Bübs Leuten ließ sich blicken und so wurden wir von niemandem behelligt.

Plötzlich gab es die erste Feindberührung. Ein Fenster wurde aufgerissen, ein Blumentopf kam angeflogen, verfehlte Frebels Karl nur knapp und knallte unmittelbar vor seinen Füßen auf die Straße. Aus dem Fenster beugte sich der dicke Pauli und schrie zu uns hinunter: „Ich bin nicht feige, ich wär auch zum Markt gekommen und hätte geholfen, euch zu verprügeln, aber ich habe Stubenarrest, weil ich ins Bett gemacht habe. Aber das seid nur ihr schuld, weil ich mich so aufgeregt hatte, wie ihr mich eingefangen habt."

Es sah so lustig aus, wie das kleine, dicke Kerlchen wild gestikulierend, mit wabbelnden, vom Eifer rotgefärbten Pausbäckchen in dem Fenster herumsprang, daß bei uns aller Kampfeswille und Grimm verschwand und einer großen Heiterkeit Platz machte. Wir vergaßen Marschordnung und Angriffsplan und kugelten vor Lachen auf der Straße herum. Pauli, der gemerkt hatte, daß das von ihm unüberlegt gemachte

Geständnis seines Bettnässens der Hauptgrund unserer Lach-
salven und der zu ihm hinaufgeschrienen Anzüglichkeiten
war, wurde vor Verlegenheit rot wie eine Tomate. Paulis Mutter beendete das lustige Intermezzo. Sie tauchte hinter dem
verhinderten Helden auf, zerrte ihn zurück ins Zimmer und
schloß das Fenster mit den Worten: „Wer Stubenarrest hat,
darf auch nicht aus dem Fenster schauen!"
Die Heiterkeit verschwand fast augenblicklich und der eigentliche Grund unseres Hierseins fiel uns wieder ein. Ziemlich
lustlos formierten wir uns erneut, die Waschkesseltrommeln
wurden im Takt geschlagen, und wir marschierten weiter der
großen Schlacht entgegen.
Als wir auf den Marktplatz einbogen, wurden wir von Büb
und seinen Leuten mit lautem Geschrei und drohenden
Gebärden empfangen. Uns stockte fast der Atem, als wir die
große Menge von Kindern sahen, die sich um Büb scharten.
Damit hatten wir nicht gerechnet. Wir hielten an und blickten staunend auf unsere lärmenden Gegner. Wo kam denn
diese Streitmacht her? Das waren ja mindestens dreimal soviel
wie wir erwartet hatten. Als wir näher kamen, erkannten wir,
wer die übrigen Kinder waren. Die vom Markt hatten sich mit
denen von der Eythstraße und Hauptstraße verbündet und
waren uns jetzt zahlenmäßig nicht mehr unterlegen. Genau
das Gegenteil war der Fall, von der Anzahl wie auch von der
Kampfkraft hatten wir es mit einem Gegner zu tun, dem wir
kaum gewachsen waren. Sogar die Gebrüder Lersch, die größten und gefürchtesten Raufbolde des ganzen Stadtteiles,
konnten wir in ihren Reihen ausmachen. „Habe ich es euch
nicht gesagt, daß der Büb uns noch einen seiner Tricks ser-
viert", ließ sich Karl vernehmen. Meyers Häns gab ihm mit
einem grimmigen Nicken recht.
Die vom Markt hatten sich aus Brettern, Pappkartons und
Steinen einen Schutzwall gebaut, hinter dem sie sich nun ver-

schanzten. Kaum hatten sie ihre Stellung bezogen, da ließen sie auch schon einen wahren Geschoßhagel aus ihren Schleudern und Flitschen zu uns herüberfliegen. Wir waren ihm schutzlos ausgeliefert, da wir, noch immer überrascht von der unerwartet großen Anzahl unserer Gegner und ihrem Verteidigungsbollwerk, offen auf dem Platz standen. Schnell suchten wir Deckung hinter den wenigen, vom wirklichen Krieg verschonten Bäumen und Mauerresten und schossen mit unseren Flitschen zurück. Häns formierte gerade seine „Schleuderbüchsen-Kämpfer", um einen Sturmangriff auf die feindliche Brustwehr durchzuführen, als die Marktbande und ihre Verbündeten ihren Beschuß und ihr Kampfgeschrei abrupt einstellten.

Ungläubig sahen wir uns an, was hatte das schon wieder zu bedeuten? Die haben uns doch so in die Enge getrieben, wieso geben die ihren Vorteil so einfach auf? „Das ist garantiert wieder so ein Kniff von Büb, wer weiß, was der sich jetzt schon wieder ausgedacht hat", sagte jemand aus dem Hintergrund.

Müllers Heinz, seinen Waschkesseldeckel als Schild über den Kopf haltend, verließ den ihm als Schutz dienenden Baumstumpf. Tief gebückt und im Kniegang, so daß ihn der Deckel fast völlig verbarg, ging er einige Schritte auf den Platz hinaus. „Was ist da drüben los? Kannst du irgendwas erkennen?" fragten wir ihn aufgeregt. Doch Heinz blieb stumm. Dann stand er auf, legte seinen Schild zu Boden und verschränkte die Hände auf dem Rücken, während er eine linkische Verbeugung andeutete.

In die sich ausbreitende Stille tönte plötzlich eine tiefe Männerstimme mit der in lautem, strengem Ton gestellten Frage: „Was ist denn hier los, was in Gottesnamen geht hier vor sich?" Heinz, aus seiner Verbeugung hochkommend, sagte nur: „Guten Tag, Herr Pastor", um dann wieselflink zu uns zurückzulaufen.

Mittlerweile war der Besitzer der tiefen Stimme auf dem Marktplatz angekommen und stand genau zwischen den feindlichen Gruppen. Ein großer, weißhaariger, Autorität ausstrahlender Mann in Priesterkleidung. Den kannten wir alle, es war der Pfarrer der in der Nähe liegenden Sankt Josephkirche.

Im Inferno und Bombenhagel des großen Luftangriffes der Alliierten am 17. Juni 1943 wurde die Josephkirche von mehreren Spreng- und Brandbomben getroffen und brannte lichterloh. Die in der Umgebung wohnenden Gläubigen stellten ihre eigenen Nöte und Leiden hinten an und retteten in beispiellosem Einsatz unter großer Lebensgefahr aus dem Gotteshaus, was noch zu retten war. Darunter waren zum Glück alle die für die Riten des Gottesdienstes benötigten Gegenstände und das Allerheiligste. Man hatte die völlig ausgebrannte Kirche vom Trümmerschutt befreit und der Pfarrer zelebrierte in der rauchgeschwärzten, dach- und fensterlosen Ruine am Sonntag den Gottesdienst. Dieser Notbehelf wurde so lange benutzt, bis die Kirche 1951/52 wieder aufgebaut wurde.

Da fast alle der anwesenden „Helden" zu seiner Pfarrei gehörten, kannte er uns, und die meisten sogar mit Namen. „Hiergeblieben, Müller. Auch ihr anderen kommt sofort aus euren Verstecken. Los, rauskommen habe ich gesagt, na, wird es bald!" dröhnte sein Baß über den Platz.

Selbst in dieser wilden, gesetzlosen Zeit war ein Priester eine Respektperson. So gehorchten wir seinen Befehlen, und Freund und Feind verließ seinen schützenden Unterschlupf. Es dauerte nicht lange und die beiden feindlich gesinnten Kindergruppen standen schweigend, in sicherem Abstand einander gegenüber. In ihrer Mitte befand sich der Pfarrer und verhinderte mit seiner Anwesenheit und nicht zuletzt mit seiner imposanten Figur, daß wir uns gegenseitig an die Kehle sprangen. „Jetzt will ich genau wissen, was hier los ist, nicht irgendwelche Ausreden, sondern die reine Wahrheit. Also jetzt raus damit, was soll das ganze Theater hier?"

Irgendeiner begann zu reden, und der Damm war gebrochen. Plötzlich wollten alle sprechen und jeder versuchte, den anderen zu übertönen. Vor lauter Krach und Geschrei war kein Wort zu verstehen. „Ruhe!" donnerte der Pfarrer dazwischen. „So geht es nicht. Wir können zwar einen schönen Choral zusammen singen, aber alle gleichzeitig reden – das geht nicht. Wer sind hier die Räuberhauptmänner? Die kommen jetzt mal zu mir, und es redet nur noch der, dem ich das Wort erteile. Dann werden wir wohl endlich Licht in diese Angelegenheit bringen."

Langsam lösten sich Häns, Büb und Karl von ihren sie umgebenden Getreuen und kamen, ihr Unbehagen hinter trotzigen Mienen verbergend, auf den Pfarrer zu.

„Meyer, du fängst an, dich kenne ich von allen am besten", sagte der Pfarrer, packte Häns am Arm und zog ihn vor sich.

Häns schluckte ein paar Mal, dann räusperte er sich und deutete auf Büb: „Der hat uns und den Frebels den Krieg erklärt und hat geschrieben, daß der, welcher nicht hierher zum Kampf käme, ein Feigling wäre. Feige sind wir nicht, und deshalb sind wir hier zum großen Straßenkampf erschienen."

Der Pfarrer zog die Augenbrauen in die Höhe und Unmutsfalten krausten seine Stirn. „Also, grundlos wird der Hänsel euch ja nicht zum Kämpfen aufgefordert haben, jetzt will ich der Reihe nach die Gründe erfahren, die zu eurem Streit geführt haben."

Er gab einem nach dem anderen Gelegenheit, die seiner Gruppe widerfahrenen „Untaten" zu schildern. So erzählte Büb vom dicken Pauli und von Ritters Kathrinchen. Karl und Häns sprachen vom Köbi und von Schneiders Manni, und alle zusammen über viele Dinge, die geschehen waren. Als die drei ihr Garn abgespult hatten, war dem strengen Kirchenmann alles klar. Er schüttelte den Kopf. „Schuld seid ihr alle, denn wer mit dem dummen Streit angefangen hat, ist heute nicht mehr festzustellen. Eure Art, diesen Streit auszuführen, ist bei allen drei Gruppen gleich, und es sind bestimmt keine Heldentaten, was ihr da vollbracht habt. Einem Mädchen den Zopf abzuschneiden, einen kleinen Jungen in den Keller zu sperren, dazu gehört wahrlich nicht viel Mut. Vor allem dann nicht, wenn man sich in einer großen Überzahl befindet. Das war ja wohl auch bei euch allen die gleiche Taktik, ihr habt immer zu mehreren einem Einzelgänger aufgelauert, ihn gefangengenommen und verprügelt. Feine Helden seid ihr. Man muß ja den Eindruck haben, daß ihr für den fairen Kampf Mann gegen Mann zu feige seid."

„Dafür haben wir ja den Krieg erklärt, damit endlich entschieden wird, wer von uns die Stärksten sind", meldete sich Büb zu Wort. Unwillig fuhr der Pfarrer zu ihm herum. Die strengen Falten auf seiner Stirn, die während der Berichte unserer Anführer verschwunden waren und teilweise einem belustigten Lächeln Platz gemacht hatten, waren wieder da.

„Krieg, Krieg", donnerte er Büb an. „Den Krieg hat er erklärt, und ihr habt ohne Widerspruch mitgemacht", fügte er hinzu, während er uns alle der Reihe nach musterte. Dann hob er beide Arme hoch über seinen Kopf, streckte sie weit aus und, während er sich im Kreise drehte, deutete er auf die uns umgebenden Ruinen und sagte mit tiefem Ernst in der Stimme: „Als wenn wir nicht für alle Ewigkeiten Krieg genug gehabt hätten. Sagen euch diese furchtbaren Zerstörungen denn gar nichts, habt ihr schon vergesssen, wie ihr vor Angst geschrien habt, als ihr im Luftschutzkeller saßt und euch die Sprengbomben eure Häuser zerstört haben? Habt ihr immer noch nicht die Nase voll? Genügt denn alles, was ihr erlebt habt,

und die Folgen, die ihr hier um euch herum jeden Tag vor
Augen habt, nicht, um den Krieg und alles, was damit zusam-
menhängt, aus tiefster Seele zu hassen?" Resigniert ließ er seine Hände sinken und betrachtete uns mit einem traurigen
Zug im Gesicht.

Mit leiser Stimme, mehr zu sich selbst, fuhr er dann fort: „Ja,
einen richtigen Krieg wollten sie machen, mit Schleudern,
Knüppeln und Brandbomben bewaffnet. Sogar Kranken-
schwestern haben sie sich mitgebracht. Sie verstehen eine
Menge von Kriegsführung und Angriffstaktik. Bauen Brust-
wehren und starten Sturmangriffe. Von allem haben sie
Ahnung, nur das Wort Frieden kennen sie nicht."

Dann wurde seine Stimme wieder lauter, aber aller Zorn war
daraus verschwunden, sie klang sanft und traurig, als er das
Wort wieder an uns richtete: „Ich kann euch ja verstehen, ihr
seid alle in diesem grauenvollen Weltkrieg groß geworden
und habt nichts anderes erlebt als kämpfen, morden und ver-
nichten. Friedlich miteinander zu leben und Spiele oder
Wettkämpfe mit friedlichem Charakter durchzuführen,
müßt ihr erst noch lernen. Der Begriff Frieden mit all seiner
Bedeutung und all seinen wunderbaren Folgen muß euch
noch erklärt und gezeigt werden."

Dann reckte er seine große Gestalt noch höher empor,
klatschte in die Hände und, während ein Lachen in seinen
Augen auftauchte und sich über das ganze Gesicht ausbreite-
te, sagte er: „Ich glaube, daß heute ein guter Tag ist, um euch
den Frieden etwas näher zu bringen, den Lernprozeß zu
starten, der euch zeigen soll, daß es nichts Schöneres gibt als
Frieden und nochmals Frieden. Den Anfang machen wir
damit, daß ihr alle eure Waffen abgebt." Er zog die Flitsch von
Meyers Häns aus dessen Gürtel und betrachtete sie eingehend
von allen Seiten. Als er sie probeweise spannte und zielend
durch die mit Schnitzereien geschmückte Astgabel sah,

begann Häns in seiner Tasche zu kramen. Er reichte dem Pfarrer, der gerade die Flitsch wieder entspannt hatte, wortlos einen Kieselstein. Dieser zauderte einen Moment, nahm dann den Stein und legte ihn in die dafür bestimmte Lederschlaufe. Sorgfältig zog er die Gummibänder stramm, visierte durch die Gabel einen schmalen Mauerrest in einer der Ruinen an und ließ den Stein fliegen. Mit einem harten Laut traf das Geschoß auf das auserwählte, mindestens 50 Meter entfernte Ziel. „Volltreffer, bravo, Herr Pastor!" riefen die Kinder und Häns gab ihm mit unbewegtem Gesicht einen zweiten Kiesel. Auch mit diesem traf Hochwürden nach sorgfältigem Zielen wieder den Mauerrest und gab Häns die Flitsch zurück. Ein leises Lächeln lag auf seinem Gesicht, als er sagte: „Wenn ihr mir versprecht, daß ihr nicht mehr auf Menschen und Tiere schießt, könnt ihr eure Katapulte behalten. Ein Katapult gehört zu einem richtigen Lausbuben dazu. Als ich so alt war wie ihr, hatte ich auch eins. Allerdings war es nicht halb so gut gemacht und so treffsicher wie das von Hans Meyer."

„E Katapult, wat is dat dann?" hörte man eine Stimme aus dem Hintergrund. Das Lächeln des Pfarrers wurde breiter: „Ein Katapult, mein Junge, das ist ganz schlicht und einfach eine ‚Flitsch'. Seid ihr bereit, mir das Versprechen zu geben?" Von allen Seiten kamen zustimmende Rufe. „Gut, dann legt den Zeige- und Mittelfinger eurer rechten Hand über Kreuz, die Hand aufs Herz und sprecht mir nach: Ich gebe mein großes Ehrenwort, daß ich mit meinem Katapult nie mehr auf Mensch oder Tier schießen werde." Feierlich wiederholten wir seine Worte und die meisten von uns haben ihr Ehrenwort auch gehalten.

Der Pfarrer, ein kluger Mann, hatte genau die Worte und Begriffe gewählt, die wir in unseren Spielen auch immer benutzten. Bestimmt hatte er es uns irgendwo einmal abgeschaut. Jedenfalls hatte er heute großen Eindruck mit seinem

Insiderwissen bei uns gemacht. „Die qualmenden Blechdosen und eure Knüppel bringt ihr alle drüben zu dieser Ruine und schmeißt sie in das Kellerloch!" Gehorsam folgten wir seinen Anordnungen und einer nach dem anderen warf seine „Waffen" in den mit Regenwasser halbgefüllten Keller hinunter.

Der Pfarrer gewann endgültig unsere Sympathie und unser Vertrauen, als er in der Sprache unseres Lieblingsschriftstellers Karl May zu uns sagte: „Der große Krieg, welcher drei berühmte Stämme mit Haß erfüllte, ist beendet. Von nun an sei Frieden in dieser Prärie und in den Zelten der Völker von Marktbande, den Frebels und den Kriegern von den Peter Stühlen Mountains, hough, ich habe gesprochen!

So, nun gebt euch die Hände, und mit dieser Geste ist der Frieden zwischen euch endgültig besiegelt. In Zukunft kann jeder von euch unbehelligt durch das Gebiet einer anderen Gruppe ziehen, selbst den Kleinsten und Schwächsten darf kein Haar mehr gekrümmt werden. Daß dieser Vertrag eingehalten wird, werde ich als euer oberster, wenn auch selbst ernannter Friedensrichter streng überwachen. Also haltet die Regeln ein, sonst werdet ihr sehr schmerzlich erfahren müssen, wie böse ich werden kann."

Der Pfarrer hatte unsere Probleme ernst genommen, und sie in einer uns verständlichen und deshalb auch sofort akzeptierten Art und Weise gelöst. Keine Seite hatte an Prestige verloren, es gab keine Sieger und keine Verlierer. Wir waren wie befreit, gingen aufeinander zu und schüttelten uns die Hände. Jeder von uns, egal welcher Schar er angehörte, war froh, daß dieser Kampf schon in seiner Anfangsphase abgebrochen worden war.

Zum Abschluß ergriff der Pfarrer noch einmal das Wort: „Jetzt verschwindet jede Gruppe zurück in ihr eigenes Gebiet. Überlegt euch doch einmal, ob ihr nicht auf sportlicher Basis

eure Kräfte messen wollt. Wie wäre es, wenn ihr mal ein Fuß-
ballturnier ausrichten würdet oder einen Wettlauf quer durch
eure drei Gebiete? Macht ein paar Vorschläge und teilt sie mir
mit, ich will euch gern mit Rat und Tat zur Seite stehen." Er
verabschiedete sich von uns, und die sich nun friedlich geson-
nenen Gruppen zogen wieder zurück in ihre eigenen Viertel.
Vorher hatten wir noch vereinbart, daß wir uns treffen wollten, um die Sache mit den sportlichen Aktivitäten zu bespre-
chen.

Kohlenklau

Am Vortag hatte es zu regnen begonnen und in kürzester Zeit waren wir bis auf die Haut naß. In einem zugigen Trümmerhausflur wollten wir den Regen abwarten und dann das unterbrochene Spiel fortsetzen. Eng aneinandergeschmiegt hockten wir vor einer der Seitenwände auf dem Boden, um uns gegenseitig etwas zu wärmen. Doch der Regen hatte mehr Ausdauer als wir, und so zogen wir nach einer Weile zähneklappernd nach Hause. Als ich naß wie eine Katze und völlig durchgefroren in unserer Wohnung ankam, zog mich meine Oma sofort aus, rubbelte mich mit einem großen Badetuch trocken und steckte mich ins Bett. Aber es hatte mich trotzdem erwischt und ich lag mit einer fiebrigen Grippe, gut in Federbetten verpackt, in unserer Küche auf dem Sofa.

Da hörte ich jemanden sehr eilig die Treppen heraufrennen und laut an unsere Tür klopfen. „Herein", krächzte ich heiser. Es war Frau Kautz, eine Nachbarin. Schnell kam sie herein und fragte mich: „Wo sind deine Großeltern? Warum liegst du hier auf dem Sofa, bist du krank?" „Meine Großeltern besuchen unsere Tante Anna in Höhenberg. Ich durfte nicht mit, weil ich gestern so lange im Regen herumgelaufen bin und deswegen heute die Grippe habe. Oma meint, das wäre die gerechte Strafe für meine Unvernunft."

„Tut mir leid für dich, siehst auch ganz blaß aus. Es ist schade, daß deine Leute nicht da sind, ich habe nämlich eine wichtige Nachricht. Also, wenn sie zurückkommen, dann sag ihnen, daß ein Eisenbahnzug vollgeladen mit Brikett auf dem Bahndamm an der Rolshovener Straße steht. Alles rennt dahin, um ein paar Kohlen zu klauen, ehe er weiterfährt. Ich muß auch gleich wieder los, sonst ist er weg, ehe ich etwas abbekommen habe." Sie drehte sich um, zog eilig die Tür hinter sich ins Schloß und rannte, laut mit ihren Absätzen klappernd, die Treppen hinunter.

Es war ein ungeschriebenes Gesetz jener Tage, daß die Menschen sich gegenseitig halfen. Dazu gehörte auch die Weitergabe solcher Tips. Die Nachricht würde sich wie der Wind im ganzen Viertel verbreiten, und jeder, der kräftig genug war, um einen gefüllten Kohlensack zu schleppen, würde jetzt zu diesem Bahndamm laufen. Denn es war Herbst geworden und der Winter nicht weit, höchste Zeit, Heizmaterial in den Kellern zu lagern. Die Holzvorräte in den Trümmern gingen zur Neige, und kaufen konnte man noch nichts, weil es einfach nichts gab. Die Kohlenhändler hatten selbst nichts zum Heizen. Die Aussicht, etwas von dem schwarzen Gold zu erhalten, würde alle motivieren. Jeder würde versuchen, soviel wie möglich von diesen Kostbarkeiten aus den Waggons zu holen, um sie in seinen Keller zu schleppen.

Mit den Maßstäben der heutigen Zeit gemessen, war das Diebstahl, eine kriminelle Handlung. Aber damals galt nur ein Gesetz, nämlich das des Überlebens. Die Winter waren in der Regel sehr kalt in jenen Jahren, und wer keinen Brennstoff hatte, würde erfrieren oder zumindest große Qualen leiden. Der damals amtierende Kölner Erzbischof, Kardinal Frings, ein volkstümlicher und allseits beliebter Mann, hatte von der Kanzel der Engelbertkirche in Riehl den Gläubigen gesagt, daß Diebstähle, die zur Erhaltung des Lebens dienten, vor Gott keine Sünde seien. Von da an hieß es in Köln, wenn man zu solchen Unternehmungen wie Kohlen- oder Gemüseklau startete: „Mer jon fringse!"

Ich lag unter meiner Bettdecke und ärgerte mich, daß ich untätig sein mußte, während alle anderen auf Schatzsuche gingen. Immer wieder hörte ich die Nachbarn eilig und aufgeregt an unserem Haus vorbeirennen. Als jemand rief: „Hoffentlich ist der Zug noch da, wenn wir kommen, damit wir wenigstens ein paar „Klütten" in die Säcke kriegen", war es mit meiner Geduld vorbei. Ich sprang auf, kleidete mich an, rannte in den Keller und holte Opas kleinen, zweirädrigen Handwagen und einen Eimer heraus. So schnell ich konnte, lief ich in Richtung Bahndamm, der an diesem Tag das Eldorado für unser Viertel bedeutete.

Obwohl ich mich recht schwach fühlte, überholte ich auf meinem Weg noch viele der Nachzügler, meistens alte Leute, die nicht mehr gut zu Fuß waren. Ich wunderte mich, daß niemand aus der Gegenrichtung kam. Die ersten Ankömmlinge mußten mir doch längst, schwer mit Brikett beladen, begegnen. Entweder war der Zug schon weitergefahren oder wurde gut bewacht. Am Ziel angekommen, konnte ich zuerst weder den Zug noch die Kohlenklauer sehen. Der steile, zirka fünf bis sechs Meter hohe Damm war dicht mit Büschen und Bäumen bewachsen, die seit Jahren ungestört durcheinander wucherten und eine undurchsichtige Wildnis bildeten. Mein Wägelchen sicherte ich mit Kette und Schloß an einem Laternenpfahl, dann kroch ich, mit meinem Eimer bewaffnet, in das Gestrüpp und arbeitete mich schräg den Damm hinauf. Jetzt sah ich überall Menschen, meist Kinder und Frauen, in kleinen Gruppen versteckt in den Büschen hocken. Auch einige von den „Frebels" erblickte ich, doch diesmal nicht als Gruppe, sondern jeden bei seiner Familie. Es galt, gemeinsam an die schwarzen Schätze zu gelangen und möglichst viel davon in die eigenen Keller zu schaffen. Nur ich mageres Würstchen, dazu noch grippegeschwächt, war auf mich selbst gestellt.

Als ich oben, in Höhe der Gleise, aber immer noch von Büschen versteckt, ankam, sah ich, wie mir Juliane eifrig

Kinder beim „Klüttenfringsen".

zuwinkte. Ich lief zu ihr hin und fand sie mitten im recht umfangreichen Clan der Familie Schmitz. Alle lagen auf dem Bauch und spähten hinaus auf den Bahndamm. Um sie herum standen, wie auch bei den anderen Gruppen, Körbe, Taschen, Eimer und Säcke. Aber alle Gefäße und Behältnisse waren leer, nicht einmal ein Kohlebröckchen hatten sie bis jetzt erbeutet. Ich legte mich auch auf den Bauch und kroch neben Liane, die mir mit einer Hand zuwinkte und mit der anderen zu schweigen gebot. Als ich vorsichtig den Kopf aus dem Gebüsch steckte, erblickte ich den Zug zum ersten Mal. Er erschien mir endlos lang, denn die letzten Waggons waren von meinem Standort nicht zu sehen, weil die Gleise weit hinten in einer Kurve verschwanden. Zur anderen Seite stand in großer Entfernung die dampfende und zischende Lokomotive. Um diese Lok liefen einige Männer in Arbeitskleidung geschäftig herum, sie versuchten offensichtlich, einen Schaden zu reparieren, und dies erklärte den langen Aufenthalt des Zuges. Gleichzeitig bemerkte ich auch, warum noch kein Stück Kohle in die Taschen der Leute auf dem Bahndamm gelangt war. In regelmäßigem Abstand waren amerikanische Soldaten als Posten aufgestellt. Kaugummikauend, ihre mit Tarnstoff bezogenen Helme, deren gelöste Kinnriemen leger hinunterhingen, in den Nacken geschoben, standen sie lässig in ihren olivfarbenen Uniformen vor dem Zug. Nur die Maschinenpistolen in ihren Händen wirkten drohend und hielten alle davon ab, den Zug zu entern.

„Was machen wir jetzt?" Meine Frage beantwortete Liane mit Schulterzucken und den Worten: „Keine Ahnung, ich habe nur die Hoffnung, daß, bevor der Zug losfährt und sie zurück in ihren Mannschaftswagen steigen, Zeit genug bleibt, damit wir wenigstens kurz an die Waggons rankommen." Dabei deutete sie auf einen Personenwagen in der Mitte des Zuges, in dem wohl die Wachmannschaft befördert wurde. Es blieb uns also nichts anderes übrig, als in unseren Verstecken zu bleiben, abzuwarten und auf eine günstige Gelegenheit zu hoffen.

Dabei lockte der Zug doch so sehr mit seiner wohlige Wärme verheißenden Fracht, die so hoch geladen war, daß sie wie kleine Hügel über die Seitenwände der Kohlewaggons aufragte.

Während wir unter den Büschen untätig herumlagen und aufmerksam jede Bewegung der Soldaten beobachteten, dachte ich zurück an andere Geschichten, die sich um den Kohlenklau rankten.

An den kleinen Willi Decker zum Beispiel, der das Abenteuer seines Lebens dabei erlebt hatte. In einer ähnlichen Situation wie heute war er vor ein paar Wochen mit vielen anderen Hamsterern auf einen Zug geklettert. Als er gerade begonnen hatte, seinen Jutesack mit Eierkohlen (aus Steinkohlestaub in Eiform gepreßte Kohlestücke) zu füllen, war plötzlich eine Militärpatrouille der US-Besatzer gekommen. Alles sprang in Panik vom Zug und rannte nach allen Seiten davon, nur Willi war der Weg versperrt. Vor seinem Waggon hatte die MP Aufstellung genommen und wurde von einem Sergeanten eingeteilt, den Zug zu bewachen. Dieser Sergeant, ein Hüne von einem Mann, blieb vor dem Wagen stehen, während seine Leute ausschwärmten. Willi mußte, zwischen Kohle und Wagenwand geschmiegt, warten. Er hoffte, daß der Sergeant nicht auf die Idee käme, hochzuklettern, um in den Waggon hineinzusehen. Der aber dachte nicht daran, mit seiner schikken Uniform und dem weißen Koppelzeug auf den rußigen Wagen zu steigen, nur – er ging auch nicht von seinem Platz, und so blieb Willi nichts anderes übrig, als auf den Kohlen liegen zu bleiben. Plötzlich ertönte ein kurzes Pfeifsignal, der Zug ruckte an und fuhr weiter. Als Willi sich über die durcheinander rutschenden Kohlen bis an das Wagenende gekämpft hatte, war es zu spät, um abzuspringen, denn die Fahrt war schon viel zu schnell. Er mußte sich in sein Schicksal ergeben und lange, bange Stunden auf dem zugigen und schmutzigen Reisegefährt ausharren, das ohne Zwischenstopp in ein großes Nachschubcamp der Amerikaner in der Nähe von Frankfurt am Main brauste. Als der Zug in das Camp einfuhr, hatte der völlig verzweifelte Willi seinen Kohlensack über sich ausgebreitet und sich in die Kohlen eingebuddelt, damit ihn niemand fände.

Die Amerikaner hatten deutsche Kriegsgefangene dazu abgestellt, die Waggons zu entladen. Diese entdeckten das vor Angst und Hunger weinende, schwarzverdreckte Häuflein Elend. Ihre Wächter brachten Willi zum Lagerkommandanten, der Mitleid mit dem armen Kerl hatte. Er ließ ihn säubern und die alten Kleider allesamt verbrennen. Aus der Kleiderkammer erhielt er Unterwäsche, Hemd, Hose und eine Jacke, dazu als Krönung Springerstiefel und eine Schirmmütze. Natürlich waren es getragene Sachen, aber Willi fühlte sich wie ein König. Es dauerte ein paar Tage, bis wieder ein Transport in Richtung Ruhrgebiet über Köln abging. So lange behielten ihn die Amis im Camp. Am ersten Tag, als er frischgebadet und neu eingekleidet nochmals zum Kommandanten gebracht wurde, hatte dieser mit Hilfe eines Dolmetschers bald die Harmlosigkeit des Jungen erkannt und ihn als erstes zur Küche geschickt, damit er sich richtig sattessen konnte. Dem Küchenbullen und seiner zumeist aus Schwarzen bestehenden Mannschaft hatte der pfiffige, kleine Knirps so gut gefallen, daß sie ihm anboten, für die Dauer seines Aufenthaltes bei ihnen in der Küche zu bleiben. Willi, dem die von Lebensmitteln überfließende Küche wie das Schlaraffenland erschien, hatte begeistert eingewilligt. Nur vor den Farbigen hatte er Angst, denn er hatte nie zuvor einem gegenübergestanden, und jetzt war er mitten unter ihnen. Doch diese

Furcht war schnell verflogen, und bald waren er und die gutmütigen Burschen richtige Freunde geworden, und er kannte
sie alle beim Vornamen. Die ganze Crew hatte unseren Willi
ins Herz geschlossen und versorgte ihn mit allen möglichen
Leckerbissen, wie Schokolade und Kaugummi. Er revanchierte sich, indem er ihnen unaufgefordert mit kleinen Gefällig-
keiten zur Hand ging. Der schönste Teil des Tages war für ihn
die Zeit, wenn nach dem Abendessen die Küche gereinigt war
und seine neuen Freunde ihre Instrumente holten, sich
zusammensetzten und bis zum Zapfenstreich Musik machten. Ihre Art von Musik war ihm völlig unbekannt, gefiel ihm
jedoch sehr. Der Rhythmus ging in die Beine, und wenn sie
diese langsamen, traurigen Stücke spielten, war er wie verzau-
bert. Mit Ted hatte er sich besonders angefreundet. Dieser war
ein lustiger Typ mit einem vollen, runden Gesicht. Er konnte
so spaßig mit seinen schwarzen Augen rollen und dabei seine
schneeweißen Zähne so drollig blecken, daß er jeden zum
Lachen brachte. Ted spielte Trompete und war der Leiter dieser nur aus Schwarzen bestehenden Band. Er hatte Willi mühsam erklärt, daß diese Musik aus seiner Heimat im Süden der
USA käme, daß es New Orleans-Stil wäre, Dixieland und
Blues. Der Junge hatte das große Glück, echten, unverfälsch-
ten schwarzen Jazz zu hören. Doch das war ihm nicht
bewußt, es war einfach schöne „Musik" für ihn.
Als der Tag des Abschieds kam, war er richtig traurig, daß dieses gute Leben ein Ende hatte. Er ging noch einmal durch die
Küche und verabschiedete sich von seinen Freunden, für die
er, ein paar Tage lang, das Maskottchen war. Sie klopften ihm
auf die Schultern und sagten: „Good luck and bye, bye!" Jeder
steckte ihm irgend etwas zu, sogar der strenge Küchenchef
stopfte ihm ein paar Büchsen Ham und Egg, Willis Lieblings-
speise, in den Brotbeutel, den ihm Ted zum Abschied
geschenkt hatte. Als er im Fahrerhaus eines riesigen LKW's

Was mögen diese beiden Lausbuben wohl vorhaben.
Das fragt sich der deutsche Hilfspolizist im Hintergrund ganz bestimmt.

zwischen zwei Soldaten saß, war der Beutel randvoll mit Dosen von Corned Beef und Schinken sowie Schokolade und Kaugummi. Willis Traurigkeit verging schnell, die Freude, wieder nach Hause zu kommen, bekam die Oberhand. An den Abenden im Camp, wenn er allein auf seinem Feldbett lag, hatte ihn doch immer das Heimweh geplagt. Außerdem war die Fahrt inmitten dieses Militärkonvois so spannend und interessant, daß er gar keine Zeit hatte, traurig zu sein. Als die Wagenkolonne durch Köln fuhr, hatten sie Willi der Militärpolizei übergeben, und die hatte ihn mit einem Jeep zu seiner Familie gebracht. Überglücklich schlossen sie den verschollenen Kohlenklauer in ihre Arme.

Für lange Zeit war er im Viertel die Sensation. Er war der erste von uns, der ein paar Brocken Englisch sprach, aber vor allem war er der erste, welcher amerikanische Uniformteile als Kleidung hatte. Wenn er kaugummikauend durch die Straßen ging und uns ein lässiges „hello boys" zurief, starrten wir ihm ehrfürchtig und neidvoll nach. Wie gern hätten auch wir diese tollen Schnürstiefel und die Hosen mit den aufgenähten Taschen gehabt. Von der schicken Uniformjacke und der kessen Mütze ganz zu schweigen. Als einer der Erwachsenen einmal sagte: „Der Willi läuft herum wie ‚Uncle Sam' persönlich", hatte er seinen Spitznamen weg. Onkel Sam, später nur noch Sam, nannten wir ihn. Willi war nicht böse darüber, im Gegenteil, ich glaube, es machte ihn sogar stolz. Seinen Spitznamen wurde er nie wieder los. Selbst als Erwachsener war er für alle nur der „Deckers Sam".

Juliane, die neben mir auf dem Bauch lag und genau wie ich ihren Kopf mit den Händen abstützte, stieß mich mit dem Ellenbogen an und weckte mich aus meinen Träumen. Sie bog ihren Kopf zu meinem Ohr und flüsterte: „Hast du heute einen Wagen dabei, oder willst du dir wieder den Rücken blutig schleppen?"

Ich drehte meinen Kopf in ihre Richtung und flüsterte zurück: „Heute hab ich die kleine Karre von meinem Opa dabei, da brauch ich mich nicht so sehr zu quälen und kann auch eine größere Menge mitnehmen."

Juliane spielte mit ihrer Frage auf einen Vorfall an, der mir vor einiger Zeit passiert war. Da war ich, wie heute, allein zum Kohlenorganisieren gegangen. Niemand hatte mich geschickt, genaugenommen hätte ich gar nicht allein gehen dürfen, denn meine Großeltern fanden, daß ich für so etwas noch zu klein und schwach sei. Ich aber wollte beweisen, daß ich bereits meinen Mann stehen konnte. Das Glück schien mir hold zu sein, denn ich fand einen Waggon voller Kohlen, auf den ich mit einigen anderen Leuten kletterte. In Windeseile begann ich mit der Arbeit. Der Mann neben mir schickte einen prüfenden Blick zwischen mir und meinem immer voller werdenden Sack hin und her, dann fragte er: „Wie willst du Zwerg diesen Sack tragen, nimmst du dir nicht etwas viel vor?"

Ich schaute ihn verwirrt an, ach ja, das Gewicht, daran hatte ich in meiner Gier überhaupt nicht gedacht. Als ich den Sack probeweise anheben wollte, bekam ich die Last kaum einige Zentimeter in die Höhe. Der Mann grinste: „Sag ich doch, daß deine Wünsche größer als deine Kräfte sind. Los, kipp die Hälfte wieder aus, und dann nichts wie weg hier, der Zug fährt bestimmt gleich weiter!"

Traurigen Herzens nahm ich gehorsam wieder einige Kohlen heraus. Der Mann wuchtete seinen vollen Sack hoch auf die Waggonwand und ließ ihn dann vorsichtig hinunter auf den Bahnkörper fallen. Dann drehte er sich zu mir, nahm meinen Sack und verfuhr damit in gleicher Weise, während er zu mir sagte: „Los, beeil dich, nichts wie runter von dem Zug!"

Dankbar kletterte ich vom Waggon und rannte zu meinem Sack. Ich zog ihn in Richtung Bahndamm, aber er war immer noch zu schwer, und ich mußte ihn noch weiter leeren. Selbst danach hatte er noch nicht das für mich angemessene Gewicht. Langsam packte mich die Wut, und ich nahm die Kohlenstücke einzeln heraus, um anschließend sofort eine Hebeprobe zu machen. Ich mußte noch manches Stück herausnehmen und hätte vor ohnmächtigem Zorn über meine Schwachheit am liebsten losgeweint. Als der Sack soweit geleert war, daß ich ihn anheben und über die Erde ziehen konnte, war gerade noch ein Drittel seines ursprünglichen Inhalts darin. Ich band ihn zu und schleppte ihn den Bahndamm hinunter bis zur Straße. Auf meine Bitte packte mir der freundliche Helfer von vorhin den Sack auf die Schulter. Während er ihn ins Gleichgewicht brachte, taumelte ich wie ein Betrunkener hin und her. Seine Frage: „Junge, willst du nicht noch ein paar Stücke herausnehmen?" verneinte ich entschieden und marschierte los.

Die ersten hundert Meter ging es noch relativ leicht, doch dann wurde die Last immer schwerer. Jeder Muskel in meinem Körper protestierte gegen diese ungewohnte Dauerbelastung. Ich setzte mir Ziele, sagte mir in Gedanken zum Beispiel: die Laterne dort, die mußt du noch erreichen. Hatte ich mich zu diesem Ziel vorgequält, so legte ich mich gegen die Laterne, ruhte mich etwas aus und suchte mir den nächsten Punkt. Der Sack mußte dabei auf meinen Schultern bleiben, da ich ihn allein nicht hochbekam. Nach mehreren Stationen, mal ein Mauerrest, mal eine Fensterbank, konnte ich nicht mehr. Die Last drückte mich an der Hauswand, an der ich mich anlehnen wollte, zu Boden. Bunte Kreise tanzten vor meinen Augen, mein Rücken schmerzte ebenso wie meine Beine, die außerdem unkontrolliert zitterten. Mühsam kroch ich unter dem Sack hervor, setzte mich auf ihn und wartete, bis mein Atem wieder ruhiger war und meine Erschöpfung nachließ. Dabei hielt ich eifrig Ausschau nach Passanten, mit deren Hilfe ich meine Last wieder schultern konnte. Bis zu dieser ersten Station hatte ich nur ein paar hundert Meter bewältigt. Bis nach Hause würde ich den Sack noch oft abwerfen und auf eine anschließende Hebehilfe warten müssen. Aber ich schaffte es, ich fand stets jemanden, der mir die Kohlen auf den Rücken legte, mit denen ich dann ein Stück weiter taumelte. Mein Kreuz schmerzte immer mehr, aber das war noch wenig zu den Qualen, die mir meine wie Feuer brennenden Schultern bereiteten. Als ich schließlich aufgeben wollte, als mir die Erschöpfung und der Schmerz die Tränen herunterlaufen ließen, stand plötzlich mein Großvater als Retter vor mir, der mir wortlos den Sack von den Schultern nahm und ihn sich selbst auf den Rücken warf. Er sagte nichts zu mir, aber die Art, wie er meine Hand nahm, während wir nebeneinander nach Hause gingen, und die anerkennenden Blicke, die er mir hin und wieder mit einem Nicken des Kopfes zuwarf, zeigten mir, daß er sehr stolz auf mich war. Als ich zu Hause Jacke und Hemd auszog, um mich zu waschen, schrie meine Großmutter entsetzt auf.

Dann rief sie: „Jean, komm her, und schau dir den Rücken von dem Kind an. War das denn die Sache wert?"

Mein Großvater stellte sich hinter mich, sah sich meinen, von den scharfen Kohlestücken zerschnittenen Rücken an und sagte sehr ernst: „Nichts auf der Welt kann so wertvoll sein, daß sich ein neunjähriges, unterernährtes Kind dafür den Rücken blutig tragen muß." An mich gerichtet fügte er hinzu, indem er mir die Hand auf den Kopf legte: „Du hast heute etwas geschafft, was selbst für viele Erwachsene unmöglich ist. Du hast mit deinem Willen Schmerzen und Erschöpfung besiegt und deinen Körper gezwungen, eine für ihn eigentlich unmögliche Leistung zu vollbringen. Deshalb sind wir sehr stolz auf dich, aber du mußt mir und Oma versprechen, daß du so etwas nie wieder tust. Lieber wollen wir frieren, als uns an Kohlen zu wärmen, die mit deiner Gesundheit bezahlt wurden."

Als er hinunter in den Keller ging, um die Kohlen wegzubringen, wusch mir Oma die Wunden aus und betupfte sie mit Jod, was ich mit mörderischem Geschrei begleitete. Anschließend trug sie eine kühlende Salbe auf und brachte mich zu Bett. Es machte mir nicht viel aus, daß ich auf dem Bauch liegen mußte, denn so schlief ich meistens. Die Salbe und eine Aspirintablette halfen. Der Schmerz ließ langsam nach, und ich schlief tief und fest ohne Abendessen bis zum nächsten Morgen durch.

Auf dem Damm hinter mir entstand Bewegung, und ich schreckte endgültig aus meinen Gedanken hoch. Robert Rothmann war gekommen und wurde von allen respektvoll begrüßt. Rothmann's Robbi, wie er im Viertel genannt wurde, war eine schillernde Persönlichkeit. Er war etwas über zwanzig Jahre alt. Erst war er Flakhelfer gewesen, dann hatten sie ihn als Soldat an die Front geschickt. Im Hürtgenwald war er desertiert und in Köln untergetaucht. Bei den Edelweißpiraten, einer Widerstandsgruppe gegen die Nazis, hätte er sich versteckt, erzählten die Erwachsenen. Genau wußte das keiner. Robbi selbst sprach nie darüber, aber an seinem Gürtel trug er stets einen kleinen Anhänger, in den ein Edelweiß eingelegt war.

Er war ein großer, gutaussehender Mann mit hellblondem Lockenkopf und blauen Augen, kräftig und mutig bis zur Tollkühnheit. Der Krieg hatte ihn zum Kriminellen werden lassen, für den die Schutzbehauptung von Kardinal Frings nicht mehr zutraf. Seine Aktivitäten waren nur gegen die Besatzungstruppen gerichtet, und da er mit den bei seinen Raubzügen erbeuteten Waren sehr freigiebig umging, war er überall gut gelitten, ja, er wurde fast verehrt. Da wir damals keine Film- oder Fernsehstars kannten, wurde er bei den Kindern und Jugendlichen zum Helden, ja fast zum Idol. Er war der Chef einer Bande, die sich darauf spezialisiert hatte, die Material- und Lebensmittelkonvois, die den Nachschub für die Besatzer brachten, zu überfallen. Man nannte sie Autospringer, und diese Bezeichnung wurde keinesfalls als Beleidigung betrachtet. Von Brücken herunter sprangen sie auf fahrende Wagen. Dann zerschnitten sie die Planen über der Ladefläche und warfen so viel wie möglich von der Fracht in den Straßengraben, um dann wieder von den Fahrzeugen herunterzuhechten. Dies war ein in mehrfacher Hinsicht lebensgefährliches Unterfangen. Denn nicht nur das Auf- und Abspringen barg höchste Gefahr für Leib und Leben, die Fahrer und Beifahrer waren bewaffnet und machten rücksichtslos von ihrer Waffe Gebrauch. Wurden die Springer erwischt, drohte ihnen nach dem Kriegsrecht die Todesstrafe. Diese Typen mußten also sehr mutig und draufgängerisch sein und wurden dementsprechend von den Leuten bewundert. Nach einiger Zeit hatten die Amerikaner sich auf diese Überfälle eingestellt und versteckten Soldaten auf der Ladefläche. Das wurde Robbi zum Verhängnis. Eine solche Wachmannschaft hatte ihn angeschossen. Um sich der Festnahme zu entziehen, sprang er, obwohl schwer verwundet, von dem schnell fahrenden Wagen. Seine Freunde schleppten ihn von der Straße. Doch seine Schußverletzung und die vielen Brüche und Wunden waren zu schwer. Sie hatten ihn heim zu seiner Mutter gebracht, wo er noch in derselben Nacht starb.

Damals auf dem Bahndamm ahnte niemand von dem Unheil, das die nahe Zukunft Robbi bringen würde. Er war auf der Höhe seiner Macht und sonnte sich in der Anerkennung, die ihm sein Ruhm als Autospringer einbrachte.

Ein kurzer Blick von Robbi auf den Zug und seine Bewacher genügte, um in ihm einen Plan reifen zu lassen. Er hockte sich in unserer Nähe nieder und sagte den Leuten: „Keiner von euch geht auf den Bahndamm, das ist zu gefährlich. Die Amis bringen es fertig und schießen wirklich mit ihren Maschinenpistolen auf euch. Aber habt Geduld, ihr bekommt alle genug Klütten, das garantiere ich euch. Los, sagt das weiter, damit mir keiner eine Dummheit macht und alles verdirbt." Aus einem Brotbeutel der alten deutschen Wehrmacht, den er umhängen hatte, holte er einen Hammer heraus. Es war ein Fäustel, etwa ein Kilogramm schwer, mit einem vierzig Zentimeter langen Holzstiel.

Ein greller Pfiff der Lokomotive schreckte uns plötzlich auf. Laute Kommandos in Englisch ertönten, und die Wachen gingen, vorsichtig in das Gestrüpp am Bahndamm schauend, auf den Mannschaftswagen zu. Sie hatten längst bemerkt, daß wir dort auf der Lauer lagen, aber solange wir nicht auf den Bahnkörper gingen, ignorierten sie uns. Als einige von den Wartenden aufstanden, scheuchte Robbi sie mit energischen Drohgebärden wieder auf ihre Plätze.

Der Zug setzte sich langsam in Bewegung. Die Wachen waren in ihrem Wagen verschwunden bis auf einige, ich glaube, es waren drei oder vier, die auf den Trittbrettern standen und drohend die Maschinenpistolen schwenkten. Der Zug gewann immer mehr an Fahrt, und der Wagen mit der Wachmannschaft war schon ein ganzes Stück von uns entfernt. Ohne jede Vorankündigung sprang Robbi auf und war mit zwei, drei Riesensätzen am Zug. Er stand unmittelbar an den vorbeirollenden Waggons, mit beiden Händen hielt er den Hammer fest. Als die doppelflügelige Tür eines Waggons genau auf seiner Höhe war, sauste der Hammer mit Wucht nach oben. Die Waggontüren waren mit einem Haken auf der einen Seite, der in einem Bügel auf der anderen Türhälfte steckte, versperrt. Robbis genau gezielter Schlag trieb den Haken aus dem Bügel. Durch den Druck der Kohle flog die Tür sofort auf, und ein riesiger, schwarzer Sturzbach aus

Braunkohlenbriketts floß auf den Bahnkörper. Die im Gebüsch versteckten Menschen jubelten Robbi zu, der noch einen weiteren Wagen auf die gleiche Weise geöffnet hatte. Jetzt hatten auch die Wachen die Situation erkannt und eröffneten das Feuer. Die Kugeln schlugen gefährlich nahe bei Robbi ein, und der Schotter spritzte nach allen Seiten. Wie eine Katze schnellte Robbi über das Gleis in die sichere Deckung des Dammes. Dann schrie er: „Wenn der Zug anhält, dann rette sich, wer kann!" Doch der Zug hielt erst, als der letzte Wagen an uns vorbei war und schon in der Ferne verschwand. Da stoppten sie kurz, um die Türen zu schließen und mit Volldampf weiterzufahren. Jetzt gab es kein Halten mehr. Wie die Ameisen aus ihrem Bau kamen die Kohlenklauer aus dem Gebüsch gekrochen und begannen emsig, die Kohlen aufzusammeln. Auch ich füllte hastig meinen Eimer, rannte hinunter zum Handwägelchen und stapelte sie in die kleine Ladefläche. Ich flitzte so oft hin und her, bis es oben nichts mehr zu finden gab. In wenigen Minuten hatten wir alles hinweggerafft.

Zufrieden betrachtete ich den Wagen, der fast voll war. Mindestens eineinhalb Zentner Briketts hatte ich erwischt. Der Wagen hatte gut gelagerte Räder mit Vollgummireifen und war relativ leicht zu ziehen. Außerdem war der Heimweg ziemlich eben. So kam ich zwar etwas außer Atem, aber keineswegs erschöpft an unserem Haus an. Meine Großeltern waren noch nicht zurück. Das paßte mir gut, so konnte ich sie mit meiner Tat überraschen. Wieder lud ich meinen Eimer voll und begann, die Briketts in den Keller zu bringen. Als ich fertig war und Eimer sowie Wagen wieder im Keller verstaut waren, lief ich nach oben, wusch mich und legte mich unter die Decken auf das Sofa. Ich fühlte mich nicht mehr krank, die Aufregung und die Anstrengung hatten die aufziehende Grippe vertrieben.

Als meine Leute nach Hause kamen, beugte sich Oma über mich und fragte: „Na, wie geht es dir denn, fühlst du dich besser?" Aber sie wartete meine Antwort nicht ab, sondern sagte schockiert: „Mein Gott, wie siehst du denn aus, was hast du denn wieder angestellt? Du warst wohl im Keller die Kohlen waschen!"

Als ich sie verständnislos ansah, holte sie mir einen Spiegel. Ich mußte selbst lachen, als ich mich darin erblickte. Das Gesicht und die Hände hatte ich gewaschen, aber Hals, Ohren und die halbe Stirn hatte ich vergessen. Aus dem Spiegel grinste mich ein schwarzumrandetes, weißes Clowngesicht an. Großvater heizte schon den Ofen, und es dauerte nicht lange, da saß ich in der dampfenden Zinkwanne, die sonst nur an Samstagen vom Speicher geholt wurde. Das hatte ich nun von meinem Einsatz, jetzt mußte ich mich auch noch mitten in der Woche baden.

Kartoffeln im Stiefel

Während wir diese und viele andere Abenteuer erlebten, vergingen Sommer und Herbst. Der Winter zog ins Land, und
die Weihnachtszeit rückte näher.
Sofort nach Einbruch der Dunkelheit mußte ich nach Hause,
weil es auf den Straßen dann zu unsicher wurde. Es waren lange Abende, aber sie wurden niemals langweilig. Meine Großmutter bereitete das meist dürftige Abendbrot. Danach saßen
wir in der Küche und spielten Karten oder Gesellschaftsspiele.
Großvater erzählte Geschichten oder machte Musik; außer
Trompete spielte er noch Mandoline, Mundharmonika, und
sogar aus einem Okarino, welches ich in den Trümmern
gefunden hatte, konnte er lustige Melodien hervorzaubern.
Diese Abende waren sehr schön, und sie haben sich tief in
mein Gedächtnis eingeprägt. Es war eine Oase der Ruhe und
Zufriedenheit inmitten einer vom Krieg zerstörten Stadt.
Das Haus, in dem wir lebten, war stark beschädigt. Das Dach
war mit allen möglichen Blechen und Dachpappestücken
notdürftig geflickt, und keine einzige Fensterscheibe hatte
den Krieg überstanden. Die Öffnungen waren mit Pappe und
lichtdurchlässigem Papier, welches auf dünnem Drahtge-
flecht aufgebracht war, abgedichtet, und dies hielt die Winter-
kälte nur ungenügend ab.
So wie heute um den Fernsehapparat saßen wir damals um
den bullernden Ofen herum. Die Ofentür war geöffnet, und
der Schein des knisternden Holzfeuers war unsere einzige
Lichtquelle, der flackernd an Wänden und Decke sein Schat-
tenspiel trieb und unsere Gesichter mit warmem Leuchten

Die Hohe Straße, Kölns Geschäftsstraße Nr. 1, in der Weihnachtszeit 1945.

erfüllte. Elektrizität gab es noch keine, und Kerzen waren kostbar und mußten gespart werden.

Großvater, der ab und zu einen Scheit von den aus den Trümmern gesammelten Hölzern nachlegte, erzählte Geschichten aus der guten, alten Zeit, als die Menschen sich noch sattessen konnten. Dabei faszinierte mich die Geschichte von dem Abend, an dem er nach Hause gekommen war und einen ganzen Kranz Fleischwurst mitgebracht hatte, am meisten. Einen ganzen Kranz Wurst, der, nach seiner mit den Händen durch die Luft geführten Darstellung groß wie ein Karrenrad gewesen sein mußte, bedeutete für mich mit meinem ewigen Hungergefühl Paradies und Schlaraffenland zugleich.

Großvater, dem meine ganze Liebe gehörte, und der mir meinen noch in Kriegsgefangenschaft weilenden Vater ersetzen mußte, schaffte es stets, meine Phantasie auf wunderbare Weise anzuregen. Dabei rauchte er seine geliebte Pfeife, die er sich mit Holzspänen aus dem Ofen anzündete. Er stopfte sie mit gutem, wohlriechendem Tabak, den er von einer Nachbarin erhalten hatte. Die hatte keine Verwendung mehr dafür, seit man ihr die schreckliche Nachricht überbracht hatte, daß ihr Sohn in Rußland gefallen war. Dieser Tabak war in einem schönen, alten Steingutgefäß wohlverwahrt und würde bei guter Einteilung seinen Rauchgenuß bis nach Weihnachten befriedigen.

Es wurde Zeit für mich, schlafen zu gehen. Meine Großmutter, eine stille, liebevolle Frau, brachte mich zu Bett. Ehe ich einschlief, hörte ich die beiden noch miteinander reden. „Wie soll das nur weitergehen, morgen ist Nikolausabend, und ich habe außer den Fäustlingen, die ich gestrickt habe, nichts für das Kind. Kein Plätzchen, keine Printe, noch nicht einmal einen Apfel oder ein paar Nüsse." „Laß gut sein, Gretchen", antwortete Großvater. „Wenn du glaubst, es geht nicht mehr, dann kommt von irgendwo ein Lichtlein her." „Ach, du mit deinen Sprüchen, die helfen uns jetzt auch nicht weiter. Du glaubst wohl noch an Wunder", entgegnete sie. Ich aber glaubte fest daran, etwas vom Nikolaus zu bekommen, denn Großvaters Stimme hatte so zuversichtlich geklungen. In meiner Verehrung traute ich ihm sogar ein Wunder zu.

Dann war er da, der Nikolausabend. Wieder saßen wir drei in der Küche, wärmten uns am knisternden Ofen und schauten dem Spiel der Flammen zu. Großvater, der uns am Nachmittag in Aufregung versetzt hatte, weil er, ganz gegen seine Gewohnheit, ein paar Stunden später als erwartet nach Hause kam, ging mehrmals vor die Tür, um nachzusehen, ob der Nikolaus nicht doch käme. Das machte mich immer aufgeregter, und Großmutter schüttelte ein über das andere Mal ihren Kopf und sagte: „Nun mach mir doch das Kind nicht so nervös, wer soll denn da kommen?"

Wieder ging er nach draußen, blieb ein paar Minuten weg und setzte sich dann mit unbewegtem Gesicht wieder zu uns. Auf meinen fragenden Blick zuckte er nur mit den Schultern. Dann sprengte die Hitze mit lautem Knall im Ofen ein Stück Holz, das wohl noch feucht war, und ein Funkenregen flog in die Küche. „Das war der Nikolaus!" sagte Großvater. „Laß uns schnell nachschauen!"

Vorsichtig, mich hinter seinem Rücken versteckend, ging ich mit in das Treppenhaus – und wirklich, der heilige Mann hatte seinen Weg zu uns gefunden. Meine Schuhe, Omas alte Pantoffeln und Opas Gummistiefel standen vor der Tür, gefüllt mit herrlichen Dingen. Besser gesagt, damals waren es für uns herrliche Gaben, heute würde der gleiche Inhalt den Kindern als Abschreckung und Strafe dargestellt werden.

Omas Pantoffeln und Opas Stiefel waren randvoll mit Kartoffeln, und in meinen Schuhen lagen außer einem Paar gestrickter Fäustlinge ein Streifen durchwachsener Speck und zwei Äpfel. Oma schloß ihren Jean gerührt in die Arme und sagte:

„Dachte ich es mir doch, daß du etwas im Schilde führst."
Später saßen wir am Tisch und stippten Pellkartoffel in Speck-
soße. Es war ein richtiges Festessen, bei dem wir alle einmal
satt wurden. Der von Großmutter mit zwei von den kostbaren
Kerzen und einigen Tannenzweigen geschmückte Tisch ließ
echte Vorweihnachtsstimmung aufkommen. Nach dem
Essen holte Großvater seine Pfeife vom Schrank – sie hatte
dort schon den ganzen Abend fertig gestopft gelegen – zünde-
te sie an und rauchte voller Genuß. Dann klopfte er sie sorgfältig aus und legte sie ebenso sorgfältig in sein Tabakgefäß
aus Steingut. Dabei sah ich, daß es völlig leer war. Er hatte seinen kostbaren Schatz, der Rauchgenuß für fast einen Monat
bedeutete, bei einem Bauern für unser Abendessen eingetauscht.

Die ersten Evakuierten kehren nach Köln heim.

Abschluß

So hatten wir trotz der von Hunger, Not und Entbehrungen geprägten Zeit eine schöne und abwechslungsreiche Kindheit. Es war eine Spanne in unserem Leben, in der wir lernten, daß Freundschaft und echte Kameradschaft etwas Wunderbares sind, daß wir uns helfen und zusammenhalten müssen, auch wenn es Ärger gibt und Gefahren drohen. Wir waren arm, hatten keine teuren Kleider, wenig zu essen, keine Fahrräder und kein mechanisches Spielzeug, aber wir waren Freunde in einer verschworenen Gemeinschaft und, auch wenn es unglaublich klingt, glücklich und zufrieden. Unsere Welt, die so bunt war und so voller Überraschungen, liebten wir. Sie schenkte uns fast jeden Tag neue, spannende Erlebnisse und Abenteuer. Es waren Abenteuer, wie sie die Kinder heute nur als Zuschauer vor dem Fernsehschirm erleben können.

Aber wie alles im Leben ging auch diese Zeit schnell vorbei. Das Ende kam nicht plötzlich oder zeitlich genau festlegbar, es waren kleine Splitter, die sich aus unserem Weltbild lösten und es veränderten. Es begann, als wir wieder in die Schule gehen mußten und sich unsere Freizeit halbierte. Dann bekamen Schneiders in irgendeinem Vorort eine Wohnung und konnten endlich aus ihrem Notquartier heraus. Manni mußte uns also verlassen. Fährs Toni und Adlers Dick, unsere Ältesten, wurden aus der Schule entlassen und gingen von nun an in die Fabrik. Juliane hatte plötzlich einen Freund aus der Humboldtkolonie, mit dem sie lieber zusammen war als mit uns. Schließlich bekam meine Mutter eine Wohnung in Porz, und wir zogen fort. Jetzt kam ich nur noch am Wochenende zu meinen geliebten Großeltern und zu meinen alten Freunden. Dann mußte auch Frebels Karl seinen Schulranzen in die Ecke stellen und in die Lehre gehen. Alles war anders geworden. Die Zeit der verschworenen Gemeinschaft, der gemeinsam erlebten Abenteuer und Streiche war vorbei. Beim Schreiben dieser Zeilen tauchte sie wieder vor mir auf, und ich erlebte sie im Geiste noch einmal. Die Erinnerung läßt einen oft das Schlechte vergessen und vieles schöner erscheinen, als es in Wirklichkeit war. Aber für mich war die goldene Zeit der Kindheit noch einmal lebendig geworden. Ich sah meine Freunde wieder vor mir, hörte sie reden und lachen, spürte die Hand meines Großvaters, die mir durch das Haar strich und sah Nachbarn, die ich längst vergessen hatte. Das Wissen, daß alle diese Dinge unwiderruflich verloren sind und niemals wiederholbar sein werden, läßt mich meinen Schreibstift mit leiser Wehmut beiseitelegen. Aber nun habe ich einen Trost, ich kann, wann immer ich will, dieses Büchlein zur Hand nehmen und einen Ausflug in die Vergangenheit machen.

Schulalltag 1946. Im Sommer mußten die Kinder täglich einen Ziegelstein zum Aufbau der Schule mitbringen. Im Winter brachten sie Heizmaterial mit in die Schule.

Nachwort

„Ein Buch für Kinder und Erwachsene, für Kalker und auch Kölner", so etwa könnte der Untertitel des Buches lauten. Es könnte jedoch auch heißen: Geschichte und Geschichten aus deutschen Städten nach dem Zweiten Weltkrieg.

Monheim schildert die ersten Wochen und Monate unmittelbar nach Kriegsende. Es entsteht ein lebendiges Bild jener Zeit. Zwischen den Trümmern manch einer zerstörten deutschen Stadt haben sich ähnliche Begebenheiten abgespielt. Die spannend erzählten Kindererlebnisse spiegeln Armut, Improvisation sowie Lebensmut der frühen Nachkriegszeit, in der es nichts zu verlieren gab und es lediglich in kindlichem Wagemut und mittels Einfallsreichtum die Welt wieder zu erobern galt.

Derjenige, der die damalige Zeit mit durchmachte, wird durch die Erzählungen an die eigene Vergangenheit erinnert und sieht parallele Ereignisse. Für jüngere Mitbürger mag manches utopisch, märchenhaft oder zumindest nicht wirklichkeitsgetreu erscheinen. Dennoch lassen sich die Jugendstreiche in einer realen Räumlichkeit und mit wirklichen Begebenheiten festmachen.

Zentrum des Geschehens ist der Industrievorort Kalk im rechtsrheinischen Köln, und zwar hier der weitgehend zerstörte Bereich nördlich der Kalker Hauptstraße im Herzen dieses Ortbereiches. Vor dem Kriege bestand hier ein dicht bebautes, mit Industrie, Gewerbebetrieben und Geschäften durchsetzes Wohngebiet, zu dem auch zwei neugotische

Backsteinkirchen – eine evangelische und eine katholische – gehörten.

Nach Kriegsende hausten in den spärlichen noch erhaltenen Gebäuden oder Gebäudeteilen die wenigen in der Stadt verbliebenen Menschen in engsten Räumlichkeiten und in primitivsten Verhältnissen. Die Heranwachsenden aber verfügten über einen scheinbar weit gespannten Radius an Freiraum inmitten von Trümmern, ein Gelände, das in seiner Vielgestaltigkeit kaum zu übertreffen war. Dies entsprach den Verhältnissen in anderen zerstörten Städten.

Es ist daher nicht notwendig, daß der Autor in seinen Schilderungen genaue Ortsangaben macht. So erfährt der Leser nicht einmal den genauen Wohnstandort des zuvor in der Esserstraße im benachbarten Humboldt-Gremberg ausgebombten, damals neunjährigen Heinz Monheim. Monheim hatte bei seinen Großeltern in der Vorsterstraße 38, einem nur geringfügig beschädigten Gebäude, Zuflucht gefunden. Es war eins der früher zahlreichen kleineren, zumeist dreigeschossigen, drei Fenster breiten Mietwohnhäuser, die die geradlinig begrenzten Straßen in dichter Abfolge säumten. Das heute noch vorhandene Wohnhaus mit schlichtem Stuckzierat läßt seine beschränkte Wohnkapazität für mehrere Wohnparteien erahnen. Im rückwärtigen Hofgelände befand sich, wie vielfach in derartigen Lagen, ein Gewerbebetrieb, die Böttcherei Sanner, deren Zufahrt über die anliegende Vietorstraße erfolgte. Im rückwärtigen Bereich der benachbarten Wohnhäuser schlossen sich häufig auch einflügelige Anbauten und vielfach dahinter oder gar daneben flacher gehaltene Gewerbebauten an. In diesem stark verdichteten und durchmischten Wohngebiet aus der zweiten Hälfte des 19. Jahrhunderts fehlten schon vor dem Krieg Straßenbäume oder Vorgartengrün. Lediglich an den Kirchen gab es einige Bäume oder vielmehr das, was die Bombardierungen davon übriggelassen hatten.

Auch den weiten, aber dennoch durch konkurrierende Jugendbanden eingegrenzten Bewegungsraum der Kinder erfahren wir nur so in etwa. Außer der Vorsterstraße gehörten Teile der Kalk-Mülheimer und der Vietorstraße sowie das gesamte damals völlig offenstehende Gelände der Chemischen Fabrik Kalk dazu.

Ausgangspunkt und zugleich auch Höhepunkt manch eines Geschehens war die am Rande des Firmengeländes der Chemischen Fabrik stehende Presbyterkirche, die in den Jahren 1878–1880 errichtet worden war und noch relativ geringfügige Kriegszerstörungen aufwies. Die farbig gefaßten Fenster des Kirchengebäudes wurden damals von den aus der Not heraus auf verwertbaren Nutzen hin orientierten Kindern eingeschlagen und abgebaut, was allerdings nur einen Vorgriff auf die 1951 erfolgte Sprengung der Kirche darstellte. Die Beeinträchtigung der Bausubstanz durch die Einflüsse der benachbarten Industrie und das nachkriegszeitliche Unverständnis für die Gründerzeitarchitektur waren die eigentliche Ursache für die Beseitigung des Kirchengebäudes.

Das Abenteuerspielen überschritt auch schon mal die angedeuteten Reviergrenzen der Jugendbanden. Die Erkundungen auf den Lorenfahrten zum heutigen Vingster Berg sind zudem ein Beispiel für die Verquickung von Geschichten und Geschichte. Die zahlreichen in Köln errichteten Trümmerberge, die heute so selbstverständlich in der Stadtlandschaft vorhanden sind, über deren Entstehung und Herkunft des Materials sich keiner mehr Gedanken macht, haben hiermit eine lebensnahe Erläuterung erfahren.

Mit dem vorliegenden Band sollten jedoch weniger einzelne Fakten ursächlich erklärt werden; vielmehr mögen die Geschichten dazu beitragen, die Erinnerung an manch bedrückende, aber auch beglückende Stunden der ersten Nachkriegszeit wachzuhalten bzw. diese der Nachwelt zu überliefern.

Henriette Meynen
Amt Stadtkonservator Köln

Bildnachweis

Stadtkonservator:
13, 44, 58, 81

Historisches Archiv, Rechte Dick:
Titelbild, 8, 17, 19, 27, 31, 33, 37, 49, 53, 61, 69, 106, 110, 122, 126, 129